4 000 km

STÉPHANE FAURE

4 000 KM

Périple en vélo à la rencontre de la jeunesse européenne

BERNARD GRASSET
PARIS

Photo de couverture : Arthur Barillas.

ISBN 978-2-246-83562-2

Aux damnés de la guerre.

À mon père.

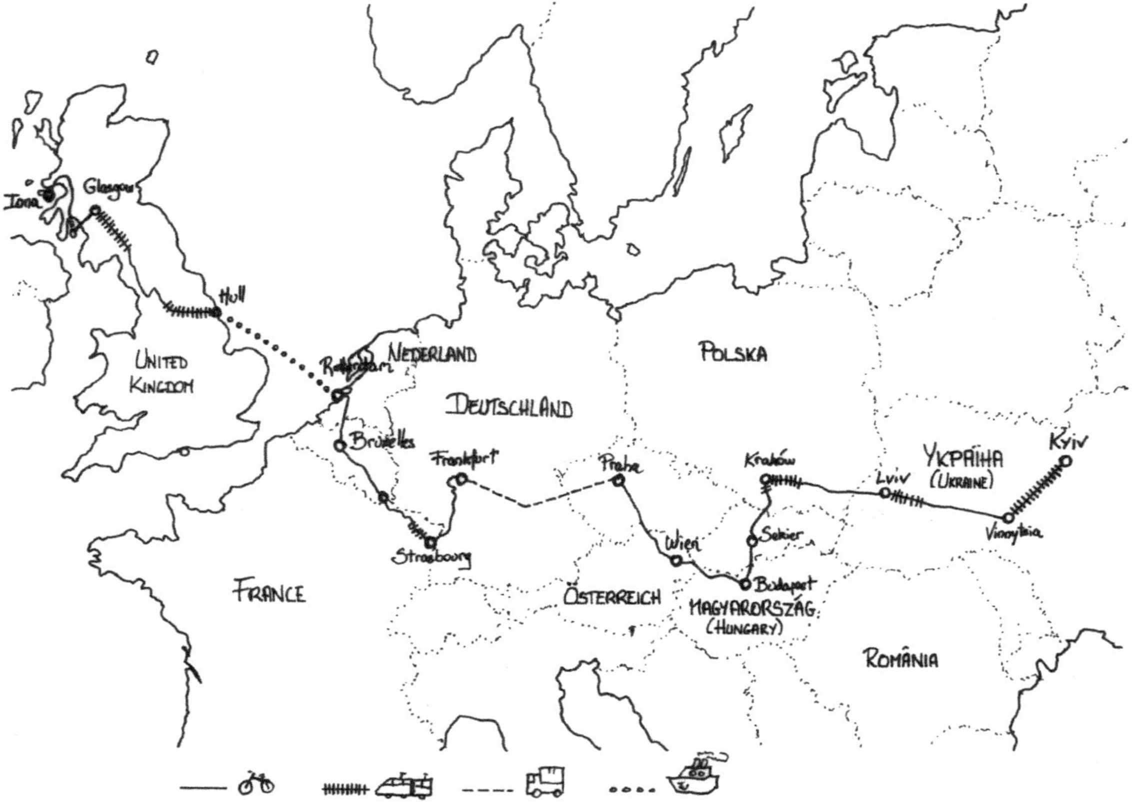
Iona
Glasgow
Hull
UNITED
KINGDOM
Rotterdam
NEDERLAND
DEUTSCHLAND
POLSKA
Bruxelles
Frankfurt
Strasbourg
FRANCE
Praha
Wien
ÖSTERREICH
Kraków
Sokier
Budapest
MAGYARORSZÁG
(HUNGARY)
Lviv
УКРАЇНА
(UKRAINE)
Kyiv
Vinnytsia
ROMÂNIA

20 mars 2023

Je file vers l'est, le cœur combattant du continent. Le temps de dire au revoir à Paris, aux cousins, à Marie, je ferme les yeux, m'endors et franchis les frontières. Sans barrières douanières. D'un songe, je parcours des cartes en relief. Suis-je en Slovénie, en République tchèque ou en Roumanie ? Je suis assis mais mon esprit, déjà, voyage. Si l'Europe doit se vivre, il semblerait que dans l'inconfort de cette première nuit de bus, je la rêve. Halo blanc, regard fugace. Des mots en allemand. Premier arrêt : Mannheim.

Il y a vingt ans, jour pour jour, l'Amérique vengeresse de George W. Bush, encore hantée par les ruines de ses tours effondrées, envahissait l'Irak. Des sables de cendres, un bourbier devenu charnier : 300 000 civils y laisseraient la vie. Il y a vingt ans, l'âme européenne se dressait contre cette guerre mensongère. Londres, Madrid, Barcelone, Rome : contre leurs gouvernements complices, les peuples marchaient. Ailleurs aussi, de Budapest à Berlin, de Copenhague à Athènes, la Paix était devenue notre commune bannière. J'avais treize ans et battais le pavé parisien, à l'unisson de ces millions de citoyens.

Le bus approche de Prague. Grand soleil. La République tchèque, pays de tramways. Chaque ville traversée a le sien et tous surgissent d'un autre temps. Rouges, blancs, bleus, jaunes : couleurs polonaises, couleurs ukrainiennes, souvenirs soviétiques. À Ostrava, tout près de la Pologne, dans la lumière brunâtre du jour expirant, de vastes complexes sidérurgiques jalonnent l'autoroute. Couloir de rouille vers le royaume de la houille. La pollution, elle, ne s'embarrasse pas des frontières. Dans ce recoin de Silésie, la terre est noire comme l'eau des rivières.

Gare de Katowice. Moderne, comme la plupart des gares depuis que j'ai quitté l'Europe de l'Ouest. Les destinations s'alignent sur les tableaux d'affichage. Kraków, Wrocław, Lwów, Kijów... Je devine le sourd murmure des réfugiés, aux premiers jours de la guerre, ce ballet incessant de regards où se mêlaient angoisse, soulagement et peur du lendemain. Le nez dans mes sacoches, j'entends une voix, jeune et douce, me parler. Est-ce du polonais, de l'ukrainien ? Je lève les yeux vers cette femme blonde, la tête cerclée d'une natte. Elle me tend une boîte en métal bleu et jaune. *I'm so sorry, I don't have any cash.* Désolée de m'avoir dérangé, elle m'offre un sourire que je m'empresse de lui rendre, désolé de n'avoir pu l'aider.

Dans la fraîcheur de la nuit tombée, un seul naufragé arpente ces quais presque vides, de poubelle en poubelle. Ses mains noires collectent des restes de nourriture et de cigarettes. Ses gestes, rodés, méthodiques, mécaniques presque, me font dire qu'il erre dans ce morceau du monde depuis quelque temps déjà. J'imagine son parcours : le désert, puis l'abîme libyen sûrement, la Méditerranée, la peur des contrôles qui ne le quitte jamais... Le voyait-il ainsi, son exil européen ?

Le bus pour Kyiv part avec dix minutes d'avance. Comme si, en temps de guerre, c'est toute l'Ukraine qui cherchait à gagner du temps, à tout hâter dans l'espoir de vite clore ce cauchemar. Je suis le seul homme, à l'exception d'un vieillard. Aucun Ukrainien de dix-huit à soixante ans n'a pu quitter le territoire national depuis plus d'un an, depuis le premier jour de l'invasion russe – loi martiale oblige. Les femmes me dévisagent. Ma présence les intrigue. Chacune d'entre elles songe probablement au frère, au père ou à l'amant restés au pays. L'un dans l'enfer de Bakhmout, l'autre dans une tranchée glaciale, quelque part sur le front de l'Est. Il règne un lent silence qui s'étire jusqu'à ce que les lumières blafardes de la douane animent enfin, à bas bruit, mes compagnes d'une nuit.

Une douanière coiffée d'un bonnet monte à bord, collecte un à un les passeports, avec le regard froid et légèrement inquisiteur qu'ont celles qui gardent les frontières. Une heure passe. La barrière blanche striée de rouge se lève, le bus s'ébranle, avant de s'arrêter quelques mètres plus loin. La porte s'ouvre et une autre douanière, en treillis cette fois, arpente l'allée centrale. Elle non plus ne sourit pas. Elle se fige, me lance le même regard que sa consœur polonaise.

— *Where are you going ?*

— *Kyiv.*

— *What is the purpose of your visit ?*

— *I'm a journalist.*

— *First time in Ukraine ?*

— *First time.*

Au milieu des guérites, des panneaux égrènent, avec force photos, les souffrances des villes meurtries : Marioupol, Boutcha, Irpin, Kyiv, Kharkiv... J'ai de nouveau mon passeport en main. Je cherche le tampon ukrainien et finis par le trouver, sur la dernière page. *Україна*. Au bout du chemin, à la marche du continent. Ça ne s'invente pas[1]. Une autre barrière se lève, le bus avance. En cet instant et pour la première fois de ma vie, j'entre, par un brumeux matin

1. L'origine du mot Ukraine proviendrait du slave *kraï* qui signifie « limite, marche, frontière ».

de printemps, dans un pays en guerre. Sur ma terre d'Europe. Moi l'enfant de janvier 1990, des lendemains du Mur, pour qui les chars et la mitraille appartenaient, il y a encore peu, aux déchirures du passé. En une nuit, je change et de monde et de siècle.

Première halte après la frontière. Rivne, ville pauvre. Atmosphère soviétique. Alphabet cyrillique. Des enfants et une femme édentée mendient. Des soldats attendent leur car en rigolant. Verront-ils la fin du printemps ?

Jytomyr. Large panache de fumée visible à des kilomètres. Un drone iranien Shahed-136 venu de Russie s'est abattu dans la nuit. Une rumeur parcourt le bus, vite engloutie par le claquement du rotor. Un vieil hélicoptère militaire surgit, nous survole, nous frôle presque.

Arrivés à Kyiv. À peine descendus du bus qu'un homme, les mains bardées de rubans jaune et bleu, s'avance vers notre petit groupe. Je fouille mes poches, sors un billet de cent hryvnias[1] : donation pour l'armée. Je rassemble mes sacoches, empoigne mon vélo en pièces détachées, tout emballé dans de grands sacs poubelle noirs depuis quarante-deux heures. Trois personnes viennent me parler, elles me proposent de l'acheter, pour vingt hryvnias. Je décline, d'un sourire amusé, j'ai un voyage à faire. Sans Internet, avec seulement une vague idée de ma direction, je traverse Kyiv dont la guerre n'a en rien entamé la beauté. Apparence de normalité, soldats en armes et hérissons antichars exceptés.

J'arrive à Podil, l'un des plus vieux quartiers de la ville, avec ses artistes de rue, ses cafés, certains quiets et d'autres bruyants, et puis tous ses restaurants. Ambiance Barcelone. Briques bleu ciel du Dudman Hotel. Le plaisir simple d'une douche chaude. Je rejoins un vieux copain journaliste habitué de l'Ukraine et deux autres confrères autour d'un délicieux pad thaï. Ambiance Bangkok. Une dernière bière dans un petit bar souterrain, néon rose à l'entrée. Ambiance Berlin. On arrive juste à temps, c'est-à-dire juste avant

1. 100 hryvnias = 2,5 euros.

le couvre-feu de 23 heures. Ambiance confinement. Je rentre à mon hôtel par des chaussées défoncées et m'écroule de fatigue.

23 mars

Premier réveil à Kyiv par le chant des oiseaux et le cri des sirènes. Missiles russes en approche. Je regarde par la fenêtre : la vie suit son cours, malgré l'alerte. Il paraît qu'on s'habitue à tout. Les attaques de l'automne qui avaient plongé la ville dans des nuits polaires semblent loin. Les défenses anti-aériennes fournies par les Occidentaux font enfin leur boulot. Par curiosité, par nécessité aussi, je demande à Artem, le concierge, où se trouve l'abri le plus proche. « Dans la station de métro du bout de la rue », me répond-il de sa voix juvénile. Je pars repérer l'endroit dans la pâleur du matin, puis, attiré par l'odeur chaude des brioches à la saucisse, je pénètre dans une petite boulangerie tenue par une mère et sa fille, avant de m'arrêter au comptoir bleu de la Podil East India Company.

Trois ans déjà qu'Olya, carré auburn et mains fines, y crée des cocktails. Au troisième jour de l'invasion, cette ancienne étudiante en philosophie s'est engagée dans la Défense territoriale, l'armée des réservistes ukrainiens. Trois mois éreintants à gérer les communications et tenir les *check-points* à l'entrée de son village, au sud de Kyiv. Puis le bar a rouvert et son amoureux est parti faire la guerre, du côté de Zaporijia, ville stratégique située le long du Dniepr, cinq cents kilomètres à l'est. La peur des Russes, la peur de l'occupation, la peur de ce coup de fil en provenance du front qui empêche de rêver, de se projeter : tout ça perce dans ses larmes contenues.

— Tout a commencé à Maïdan, il y a bientôt dix ans… j'en avais quatorze et ne saisissais pas la pleine portée de ce moment, de cette *révolution*. Tout le monde autour de moi voulait en être : mes amis, ma famille, mes profs. Maïdan, c'était notre combat pour la liberté. S'exprimer en ukrainien, lire nos poètes nationaux à l'école, rejoindre l'Union européenne pour vivre loin du *monde russe*, en démocratie, aussi imparfaite soit-elle.

Euromaïdan... Olya faisait donc partie de ce million qui avait occupé la place de l'Indépendance trois mois durant, jusqu'à l'exil moscovite du président Viktor Ianoukovitch, le 21 février 2014. Trois mois de lutte acharnée contre les suppôts du régime, trois mois passés sous la lunette des snipers, à éviter leurs balles ou à en mourir. Trois mois qui ont marqué, bien au-delà de Kyiv, l'irruption d'une nation.

À l'autre bout du continent, dans ma chambre de banlieue parisienne, ces images me bouleversaient. À l'époque, l'Union européenne s'enfonçait dans les crises. Financières, monétaires, économiques, migratoires. L'euro passerait-il l'année ? La Grèce allait-elle nous quitter ? Pendant combien de temps encore devrait-on endurer l'austérité ? Partout, le scepticisme montait, la désunion guettait. Mais Maïdan, dans la morsure de l'hiver, s'était embrasée. Furia jaune et bleu se rêvant étoilée. Poutine ne s'y était pas trompé. Dans la foulée, il avait lancé ses « petits hommes verts » à la conquête du Donbass et de la Crimée[1]. Ainsi commençait la guerre

1. Annexée par la Russie en mars 2014.

d'Ukraine, dans la confusion propre aux lendemains des grands soirs.

Neuf années ont passé. Autour des coupoles dorées du monastère Saint-Michel, à deux pas de Maïdan, les murs affichent les photos de chaque soldat tombé au front avant le 24 février 2022 et le début d'une invasion qui se voulait totale. Des gens se recueillent, famille, ami ou simple passant, devant tous ces guerriers transformés en icônes. Par-delà l'enceinte bleu et blanc, dans la cathédrale et sa pénombre chargée d'encens, des femmes aux cheveux couverts d'un voile, d'une capuche ou d'une écharpe, fidèles à la tradition orthodoxe, louvoient, une bougie à la main, devant d'autres icônes. Sur l'esplanade attenante, autre mausolée : des carcasses de tanks russes calcinés. Des enfants grimpent dessus pendant que des ados prennent la pose. L'envahisseur a été repoussé, aussi il y a comme un besoin de toucher, de palper les victoires. Kramatorsk, Kherson, Irpin… Un vieux monsieur édenté décrit à qui veut l'entendre, le geste parodiant les éclats de sa voix, les différentes batailles de cette longue guerre.

Descente vers Maïdan, non loin de la cathédrale Sainte-Sophie. Devant un troquet à l'ambiance stambouliote défraîchie, testament d'un temps où les princes de Kyiv épousaient les princesses de Constantinople, des hommes, vestes en cuir et cheveu court, boivent le café.

Cette première journée à Kyiv s'achève comme elle a débuté, avec le hurlement des sirènes juste avant minuit. J'ouvre la fenêtre, guette le son des explosions. Mon cœur s'emballe, j'ai peur. Une peur nouvelle, la peur que tout s'arrête, la peur de ne plus revoir Marie et mes amis, la peur du fond de la nuit, celle dont les Ukrainiens sont devenus familiers sans jamais s'y habituer, celle à laquelle nos aïeux, sous le déluge de Rome[1], las des carnages et des chagrins, avaient décidé de dire adieu. Les oiseaux, eux, dorment depuis longtemps déjà.

1. Le 25 mars 1957, la République fédérale allemande, la Belgique, la France, l'Italie, le Luxembourg et les Pays-Bas signent le traité de Rome établissant la Communauté économique européenne. Ce jour-là, une pluie diluvienne s'abat sur la capitale italienne.

24 mars

En haut d'immeubles éventrés, des oiseaux picorent dans des cuisines en ruine, ouvertes aux quatre vents, les céréales abandonnées par les résidents. Les fantômes de Boutcha se mêlent à l'odeur du brûlé, encore tenace. Les Russes étaient là, aux portes de Kyiv, un an auparavant. Poutine avait voulu sa *Blitzkrieg* pour « démilitariser et dénazifier » cette ancienne marche d'empire présidée par un juif. Trois jours devaient suffire. Alors les soldats ukrainiens se sont terrés dans des tranchées, un siècle après Verdun, Caporetto et le chemin des Dames, après la Der des Der et ses gueules cassées, pour livrer bataille. Un mois de combats sanglants, de bombardements incessants, d'occupation criminelle, avec son cortège de tortures, de viols et d'exécutions sommaires. Au XXIe siècle, l'Europe renoue avec les crimes de guerre.

25 mars

La veille, entre deux bâtisses calcinées, elles avaient suggéré une balade à vélo à travers Kyiv. Pour se changer les idées, oublier un peu la guerre et l'absence d'Evgeny, père, mari et désormais colonel dans l'armée de terre. Aux premiers jours de l'invasion, Galia et sa fille Camilia, jeune ado et traductrice improvisée, avaient choisi l'exil comme on se rend à des funérailles, à contrecœur. Direction la France. Paris puis Montpellier. Elles avaient été hébergées par Anna, ancienne militante de Solidarność[1] et amie commune. Après l'été, une fois les Russes repoussés au-delà de Kharkiv, elles étaient rentrées chez elles. Dans *leur* ville.

Retrouvailles à un carrefour sans charme particulier, avant de filer vers les collines et les dômes baroques d'églises orthodoxes. Des fondations millénaires rappellent ces jours lointains où les souverains varègues, ces Vikings originaires des forêts scandinaves, venaient se faire sacrer dans

1. Syndicat de travailleurs fondé dans les années 1980, opposé au régime de la République populaire de Pologne.

la Rus' de Kyiv pour régner sur le plus vaste État d'Europe. Tout proche, un tilleul séculaire, chanté, conté, mythifié domine la cité.

Allée des artistes. Parmi les érables défeuillés, deux hommes jouent aux échecs, des peintres de tous âges exposent leurs toiles, souvent très kitch, sous d'élégants auvents en fer forgé. Le funiculaire mène badauds et soldats jusqu'au port, en contrebas, tandis que dans un décor de toile de Jouy, un vieux monsieur fait danser le cancan à ses marionnettes. C'est Montmartre à la Belle Époque.

Rive gauche du Dniepr. Derrière la plage, la forêt. L'île Trukhaniv est aux Kiéviens ce que le bois de Boulogne est aux Parisiens, une oasis de nature et un bon lieu de zone. Au milieu des pins, des jeunes se prélassent autour d'un feu de camp. Fleure bon l'odeur fraîche des conifères gorgés de sève en ces premiers jours de printemps.

— Contrairement à hier, on peut se promener sans crainte de sauter sur une mine car les Russes ne sont jamais venus jusqu'ici, me dit Camilia d'un rire enfantin et déjà si adulte.

Quelques heures plus tard, dans un café de Podil. Maria et Oleksiy ne se sont pas vus depuis des mois. Ils s'étaient éloignés pendant un temps, après l'université, et puis la guerre a tout chamboulé, pour mieux les rapprocher. Ils s'enlacent, s'embrassent, heureux de se retrouver. Voilà un an qu'ils consacrent leur vie à la défense de leur pays, sans jamais avoir le sentiment d'en faire assez. Elle dans une fondation qui assiste l'armée, lui dans les ténèbres de Bakhmout.

— Là-bas, tu oublies la notion même de silence. Tu combats sous les bombes, tu manges sous les bombes, tu dors sous les bombes. Au phosphore, au napalm. Mais le pire, ça reste l'aviation… Car nul ne sait où ça va péter.

Au front, il ne se sépare jamais de son mortier, son Frankenstein comme il l'appelle, « parce qu'il est fait de bric et de broc, récupérés çà et là ». Sur sa peau couverte de tatouages – immense carte de l'Ukraine gravée dans son dos, « Esprit indomptable » inscrit sur son torse – se lisent tous les sacrifices de cette jeunesse ukrainienne qui se bat dans la fureur du siècle et le chaos des armes, pour « l'essence même de la vie[1] ». Un autre

1. Mary Shelley, *Frankenstein ou le Prométhée moderne*, 1818.

tatouage sur ses doigts – STAY HIGH – raconte l'homme d'avant, avant le soldat, avant tout ça.

— Avant la guerre, j'avais des dreads, je cultivais mon herbe dans mon village natal, pas très loin de la frontière russe… et puis le 24 février, les roquettes fusent au-dessus de chez moi, et là je sais que je dois y aller, ça devient une évidence. Quand on parle de ta terre, de ceux que tu aimes, une seule pensée t'anime : les protéger. Et les défendre.

Entre deux souvenirs, ils évoquent leurs amis, ceux tombés amoureux et ceux tombés au front. L'émotion affleure, comme la haine des Russes, jamais loin. Pour eux comme pour tant d'Ukrainiens, cette guerre est affaire de civilisation. Dans la boue des tranchées comme à l'arrière, dans chaque demeure, dans chaque cimetière, le combat se mène non seulement pour sa terre mais pour l'Europe entière. Lutter pour continuer à exister, un mantra, presque une devise pour ce peuple millénaire, conquis tour à tour par les cavaliers mongols, les rois de Pologne, les empereurs autrichiens, les tsars russes et les chars soviétiques. Conquis mais jamais soumis. La voix de Maria s'anime, ses paroles fusent.

— La Russie a tenté de nous rayer de la carte, mais aujourd'hui, on se bat pour revenir à nos racines européennes et défendre cette civilisation politique à laquelle nous croyons. Or une civilisation n'est forte que lorsque ses valeurs sont défendues face au péril. Nous sommes le glaive et le bouclier de l'Europe, la frontière de la liberté, de l'égalité et de la démocratie. *But we need more weapons.*

Oleksiy acquiesce. Il se fait tard, il doit filer, il a rendez-vous avec Frankenstein dès le lendemain. Ultime étreinte, ultime regard.

— Ces instants-là ont une saveur particulière… Dans l'Ukraine d'aujourd'hui, nos amis deviennent des noms de rues. On ne sait jamais si l'on se reverra, me dit Maria tandis qu'elle le regarde se fondre dans la foule et la nuit.

Maïdan, par-delà la chute du régime de Ianoukovitch, a impulsé d'autres révolutions. Féministe d'abord, dans un pays où les femmes s'étaient vu dire par le Premier ministre d'alors, Mykola Azarov, que « les réformes n'étaient pas leur affaire ». En quelques mois, elles allaient passer de « la moitié de Maïdan » au « bataillon invisible » du Donbass. Après neuf longues années de guerre, l'Ukraine a désormais l'armée la plus féminisée d'Europe.

Une révolution culturelle ensuite. Partout, Kyiv se transforme. Festival de fresques murales. Une ancienne gare de bus sert des pizzas de haute facture, les cafés envahissent les trottoirs de leurs terrasses, et dans une vieille brasserie réaffectée, l'« Occident décadent » danse jusqu'à la fin des feux.

26 mars

Dudman Hotel. Sa belle façade de briques bleues, son style fin XIXe, son concierge, Artem, avec sa bouille d'éternel adolescent, regard bienveillant et look débraillé, chaussettes bien engoncées dans ses claquettes. Il est serviable à l'extrême, se plierait en huit s'il le pouvait, vous lave votre linge et le range délicatement. Pour mille hryvnias la nuit, on dispose du confort moderne, lit double, bureau, télé et salle de bains : le standard occidental en somme.

Lumière blafarde. Les murs, en revanche, épais comme du papier – souvenir d'un temps où la vie privée était une affaire d'État –, me permettent d'entendre distinctement mon voisin jurer en ukrainien. Par la fenêtre qui donne sur une cour intérieure abritant une école, j'entends le crissement des tramways qui font trembler les trottoirs et dont les rails déchaussent les pavés.

Je retrouve Olga non loin du Dudman, dans l'un de ces cafés apparus par dizaines dans la foulée de Maïdan. Son café en réalité. Je l'avais rencontrée la veille, à cette même terrasse. Y boire mon jus d'orange pressé avait rapidement intégré ma routine matinale. Ça et les pains briochés à la saucisse. La trentaine finissante, le français un peu poussiéreux, elle préfère me guider en anglais à travers Podil et ses souvenirs, son enfance à Zaporijia, ses grands-parents réchappés des camps nazis, l'université en Crimée – « l'époque la plus heureuse de ma vie… » – puis son arrivée à Kyiv, à Podil justement. Les cloches d'une église adjacente tambourinent. Elle écoute en silence, elle trouve ça très beau. Elle évoque son père qui habite en Russie, à qui elle ne raconte plus que des banalités puisqu'il vit dans une autre réalité, et ce Donbass oriental si perméable à la propagande du Kremlin.

— Nous avons été naïfs. Vue d'ici, la guerre dans l'est du pays nous paraissait si lointaine, presque étrangère. Et puis du jour au lendemain, les bombes nous pleuvent dessus. Dix jours terrés dans les souterrains du métro, avec mon bébé à allaiter. La grande tour de la télévision qui explose, à deux cents mètres à peine. Les vivres qui manquent. Mon bébé à allaiter. Partir. Il faut partir. Aller à la gare. Monter dans un train pour l'ouest, comme ceux de Louhansk, Marioupol et Donetsk en leur temps, puis filer dans les Carpates. Pour souffler, un peu. Et pleurer, beaucoup. Nous avons été naïfs. À quand la fin de ce cauchemar ?

Dans ses yeux bleus, des taches de jaune. Les yeux de l'Ukraine. Mélancoliques et déterminés, jusqu'à la victoire.

— Car sinon… je refuse de finir cette phrase.

Sur les collines de Kyiv se joue une quête d'éternel. Quelque part entre une flamme rapportée de Stalingrad, rouge et glorieuse, et les sépulcres des grottes de la Laure. Ce monastère millénaire n'échappe pas, lui non plus, aux tourments du présent : entre le patriarche de Moscou et celui de Kyiv, il a bien fallu choisir[1]. Pourtant, dans le secret de ses catacombes à l'obscurité perpétuelle, une obscurité seulement troublée par la frêle lueur des bougies et le défilé des dévots, résonnent encore des prières sacrilèges. *Rossiïa, Oukraïna, Rossiïa, Oukraïna* : une femme passe d'icônes en cercueils, s'incline, les caresse puis verse une larme, dans une psalmodie de désespoir. Plus loin, une autre répète le nom de Marioupol, inlassablement. Une moiteur de cire et de sueur embaume ces tunnels où les pèlerins baisent les sarcophages de moines momifiés dans d'épais linceuls brodés, dont dépasse, parfois, une main noircie par sept siècles d'errance, entre ici-bas et au-delà.

1. Le 2 décembre 2022, le monastère des grottes de la Laure est officiellement enregistré auprès de l'Église orthodoxe ukrainienne, église autocéphale affiliée au patriarcat de Constantinople. Jusqu'à cette date, il était rattaché au patriarcat de Moscou.

27 mars

Cela fait trois heures que Misha, Olya et toute l'équipe de la Podil East India Company enchaînent les débats et les pintes. Au bout de la quatrième, l'œil droit vient dire bonjour au gauche, et Misha se met à chanter Brel *dans le texte* et à tue-tête, le bras par-dessus mon épaule, parce que forcément, dans ces moments-là, les hommes ont l'amitié facile. Mais lui, le blagueur de la bande, le russophone si farouchement antirusse, saura-t-il un jour *oublier* et pardonner ? « *Fuck Rossiia.* » Visiblement, c'est pas gagné...

— Tout dépendra de l'attitude de la Russie à la fin du conflit, m'explique Adam, son patron débarqué de Nashville, Tennessee, vingt ans auparavant. Si elle fait amende honorable comme l'Allemagne en 1945, si des excuses sont présentées, des réparations payées, peut-être que d'ici une génération, Misha et les autres pourront enfin pardonner.

Il est 22 heures, le bar ferme et les sirènes retentissent. Une volée de Shahed traverse le ciel de Kyiv. Quatre énormes explosions suivront peu après, non loin de là.

29 mars

Dans un dernier élan hivernal, le mercure a chuté sous le point de gelée. Que l'Écosse semble loin. Bientôt la route, le bitume défoncé, la boue, le froid, la flotte. Bientôt les forêts. Bientôt l'élégance de Lviv, Prague et Cracovie, les cimes des Carpates, le Danube et ses méandres, les barbelés coupables du siècle dernier. Mais avant ça, dans le hall de la grande gare, cathédrale de pierre et de fer dont partaient les trains bleus de l'exil aux premiers jours de la guerre, il me faut remballer mon vélo, de nouveau le démonter, dévisser, forcer, scotcher, envelopper ses dix-huit kilos de gomme et d'aluminium, veiller sur mes sacoches, puis descendre sur le quai jusqu'à atteindre mon wagon, le front couvert de sueur. Un jeune contrôleur, l'air aussi sévère que son uniforme, me regarde, circonspect, vérifie mon billet, et finit par cocher une case dans son petit carnet.

À bord, le voyage débute bien avant le sifflet du départ, dans un pays qui n'existe plus, celui du paradis rouge perdu. Confort minimaliste, vieilles couchettes en cuir craquelé et tables en formica forment des compartiments ouverts à tous les regards. Entre deux cigarettes, le steward fait chauffer du thé pour qui voudra bien payer tandis qu'à des banlieues sans charme succèdent, dans le cahot du train, les champs blêmes du sud-ouest de Kyiv. Terminus : Vinnytsia.

La route commence sur le parvis de la gare, à 19 h 03. C'est la joie des grands départs, dans les flocons froids des campagnes et les prières du soir. Au loin, vers l'ouest, le ciel s'enflamme. Je savoure l'idée que pendant trois mois, le temps d'un printemps, ma course sera guidée par le soleil.

Dès le premier jour, j'enfreins la seule règle que je m'étais fixée : ne jamais rouler en Ukraine à la nuit tombée. Je fonce dans la pénombre vers les ruines d'un château, heureux de ce départ improvisé. Une vingtaine de kilomètres plus loin, au bout d'un chemin recouvert par le givre, des remparts découpent l'obscurité.

Trois jeunes ombres sortent des ruines. L'une d'elles tente un « bonjour ». Impossible de négocier, elles refusent de me laisser camper là. Elles toquent à la porte de la première maison, demandent l'hospitalité, d'abord refusée puis vite accordée. C'est vrai qu'il fait très froid. Depuis l'an dernier, tout a changé : chaque famille a désormais un proche devenu militaire. Alors on donne – à l'armée, aux hospitaliers, à ses voisins, et même aux étrangers – les yeux fermés. C'est toute une société qui apprend, chaque jour un peu plus, dans le sang et les drames, à *faire nation*. Les filles peuvent s'en aller, non sans m'avoir offert l'insigne d'un père parti au front. Mon hôte, lui, m'indique que le petit-déjeuner sera servi à huit heures, au bord du lac, face au château. Ce périple démarre bien.

30 mars

Une maison faite de rondins. Deux petites pièces, séparées par une salle d'eau au goût de rouille, derrière lesquelles se trouve une grande écurie. Maksym a la sobriété heureuse.

Au bord du lac, tout est déjà prêt. Une grande marmite de *borsch* fumante trône sur une épaisse table en bois, dans une assiette du saindoux et des gousses d'ail, et dans une autre, des saucisses brûlantes tout juste grillées. Il faut bien ça pour se réchauffer sous ce grand soleil glacé. Pour se comprendre, quelques mots d'anglais ou d'ukrainien ici et là, quelques gestes, des regards surtout, et, le temps de la traduction, comme autant d'intermèdes contemplatifs : un oiseau s'amuse à faire des piqués sur l'eau, au milieu des cygnes et des canards. Avant de partir, il m'apprend à pêcher le brochet, sans grand succès.

De jolies routes de campagne. Partout, des champs noirs de terre, de ce *tchernoziom* si fertile, nourricier du monde, et pour lequel tant d'hommes et de femmes se sont battus et se battent encore. Depuis les rives d'étangs couleur d'or, quelques pêcheurs que la retraite a rendus patients me lancent dans des sourires étonnés un « *turist ?* », avant qu'une Lada orange ne me dépasse de sa pleine allure, tout en lenteur. À l'arrière, deux babouchkas voilées de fichus brodés, orange eux aussi. Orange, couleur d'une autre révolution, née sur le pavé de Maïdan, dans la colère d'une élection volée par Moscou et ses affidés. C'était en 2004.

Après trois heures de route, trois heures à pédaler dans ce froid pâle et pugnace, le *borsch* de Maksym n'est plus qu'un lointain souvenir. Un arrêt de bus sur le bas-côté fera office de cantine. En voyage, il faut se satisfaire de tout et souvent de rien. Pendant que les ramen mijotent dans la popote, un vieux moustachu sorti de nulle part et coiffé d'un *tubeteika* poussiéreux me fait la conversation. Limitée du reste, compte tenu de mes dix mots d'ukrainien. Je lui offre du *kakao* qu'il refuse avec humour, il n'a plus de dents pour le croquer.

Sur un panneau à l'entrée d'un village, deux cigognes dessinées. Fruit du hasard ou d'un maire au grand flair, quelques centaines de mètres plus loin, deux cigognes picorent la terre en quête de leur déjeuner : vers, limaces et araignées.

Les tilleuls d'hiver. Hydres d'écorce et de lumière. Boules de gui suspendues telles des guirlandes de vie. On dit d'elles qu'elles annoncent l'abondance. De quoi, je l'ignore. Puisse-t-elle venir sous forme de rencontres.

Derajnia. Soleil de bronze sur un lac d'huile, seulement troublé par la vogue d'un cygne. Pas mal pour un premier bivouac.

31 mars

Je décampe pile à temps avant que la pluie ne commence à tomber, drue et gelée. Me voilà parti sur l'une de ces routes boueuses et caillouteuses typiques des campagnes ukrainiennes où seules s'aventurent encore quelques Lada hors d'âge. Je m'embourbe, encore et encore, sur ces mêmes chemins où Napoléon et Hitler en leur temps avaient dû stopper leur avancée : la *raspoutista* – la saison des pluies – est l'ennemie du mouvement. Alentour, des bosquets enneigés. Au bout d'une heure d'efforts, j'aperçois trois hommes qui s'affairent autour d'une voiture à laquelle il manque une roue. Une Lada, évidemment. Je leur offre mon aide, qu'ils déclinent, tout en me priant de m'arrêter. Je me retrouve illico avec un verre de vodka dans les mains. « *Budmo !* » Il est dix heures du matin. Ma présence sur cette route paumée les hallucine : ça vaut bien un deuxième, troisième, et quatrième verre. Puis vient l'heure du test :

— *Slava Ukraïni ?*

— *Heroyam slava !*

— *Budmo*[1] *!*

Je n'ai plus du tout froid. Au fond d'un thermos fumant, boulettes de viande et pommes de terre écrasées. Le plus vieux des trois, la face rougeaude, saisit une cuiller dans le coffre et la nettoie sur son manteau. « *Yisti, yisti.* » Je me régale, leur montre ma panse, pleine. « *Yisti, yisti... Budmo !* » Le même m'invite chez lui pour un *borsch* et y passer la nuit. N'étaient les

1. — Gloire à l'Ukraine ?
— Gloire aux héros !
— Santé !

soixante-dix kilomètres qu'il me reste à parcourir et la certitude de finir plus rond qu'une barrique avant midi, j'aurais volontiers accepté. Mais l'Ukrainien tient à sa réputation d'hospitalité tout autant qu'à sa terre. Je finis par prétexter un rendez-vous dans la ville suivante pour m'extirper, joyeux, très, très joyeux.

Un peu plus loin, après une longue descente bossuée, première avarie. Ma grande sacoche arrière gauche est entièrement déchirée. Un magasin de vélo pour un cycliste en détresse, c'est un peu comme une église pour les indigents, le lieu du salut et du réconfort. Mais le vélociste le plus proche se trouve à deux heures de route. Au terme d'innombrables montées, je débarque en Terre sainte, crotté de la selle aux pieds. Le patron, dans un élan de bonté ou de pitié, sûrement un peu des deux, m'offre une petite sacoche siglée *Tour de France*. En Ukraine, les bons samaritains se comptent en légions.

Je traverse Khmelnytskyï et son ambiance de cité-dortoir soviétique au pas de charge. En voyage à vélo, on fuit les villes, c'est comme ça. Trop de dangers, trop de vacarme, trop de monde tout simplement. Alors on vise la route, ses virages et ses vallons, loin des feux rouges et des klaxons.

Dans des villages où des femmes palabrent près de puits faits de briques et de bois, l'odeur du lisier à peine lancé embaume l'atmosphère et les cimetières. Tous, à quelque exception près, voient flotter des bannières jaune et bleu sur des tombes fraîchement fleuries. Combien de filles, combien de fils ne reviendront jamais du front ? Sur ces terres de sang noircies par le chagrin, veuves et vétérans érigeront, une fois la guerre finie, des milliers de monuments à tous ces « Morts pour la patrie ».

1er avril

Première douche, bien chaude, depuis quatre jours. Yura et Mazur ont insisté pour que je vienne m'abriter chez eux et manger un morceau. Festin issu du jardin arrosé de thé, du *chaï*. Un an déjà qu'ils sont là, dans la maison de sa mère à elle, avec leurs deux marmots. Ils ont quitté Kyiv car les bombardements terrifiaient les enfants. Yura, entre-temps, s'est mis à l'anglais et à fumer. Dehors, les petits sautent dans des flaques et se couvrent de gadoue.

À intervalle régulier, de pâles bicoques en torchis, le toit souvent en tôle, plus rarement en ardoise, forment des hameaux où la basse-cour gambade en pleine rue et les jeunes filles se promènent, toujours par quatre apparemment. Que Marie se rassure : dans ces campagnes, chiens et dindons sont les seuls à me courir après.

L'étape est longue mais plus les kilomètres s'enchaînent, plus mon allure s'accélère. J'emmène la braquasse, comme on dit dans le jargon. Sur les pédales, il m'arrive d'entrer dans une forme de transe, de laisser l'esprit divaguer et les jambes s'emballer, de savourer les fragrances de la forêt autant que les lumières des fins de journée, celles qui donnent aux arbres cette fine teinte bleutée. J'entame alors ma course contre la montre, seul avec le soleil. Jusqu'à mon arrivée, la nuit à peine tombée, au fond d'une petite vallée embrumée.

2 avril

Réveil à l'aube pour rallier Ternopil, vingt bornes plus au sud, attraper le train pour Lviv – attraper oui, c'est le mot – et ainsi enjamber autoroutes et bourbiers de l'ouest du pays. Encore une fois, il me faudra démonter mon vélo et l'empaqueter, pile devant l'emplacement réservé à la voiture n° 9, sur une plateforme battue par les vents de glace venus du nord. Sauf que la cheffe de gare s'est trompée, mon wagon se trouve à l'autre bout du quai. Une seule issue, courir. Voiture n° 2. Avec mon vélo et mes sacoches à bout de bras, je remonte le flot des passagers tout juste débarqués. Voiture n° 4. Cent mètres, ça peut être très long, surtout lesté de quarante kilos. Voiture n° 7, puis 8. Deux coups de sifflet. « *WAIT* ». La steward de la n° 9 redescend, saisit mon vélo, je balance mes sacoches et saute dans le train qui s'ébranle peu après. Je sue à pleines gouttes, essoufflé, soulagé. À peine assis, je ferme les yeux, et malgré la raideur de la banquette, termine tranquillement ma nuit.

Un poète polonais déclara un jour : « J'en veux à Lviv car elle a ombragé la beauté de Cracovie. » Dans cette ville au riche passé, longtemps disputée entre souverains autrichiens et polonais, une petite musique résonne. À chaque coin de rue, entre deux notes d'accordéon, de harpe ou de guitare, on parle de l'époque autrichienne comme du « bon vieux temps », celui d'il y a plus de cent ans, quand les Habsbourg faisaient de Lemberg leur marche d'Orient et les lions vivaient en Europe[1]. En Galicie ukrainienne, les cœurs battent depuis longtemps à la pulsation du continent.

Sous la neige, un petit groupe de militaires déambule avec trompette et clarinette. Ici, même l'armée semble contribuer à l'effort de gaieté. Je les retrouve un quart d'heure plus tard, à la sortie d'une église, en compagnie d'un orchestre. Encore un soldat, un de plus, qu'on enterre. Devant la mairie, au passage du convoi funéraire,

1. Lviv a longtemps porté le nom de Lemberg sous les dominations autrichienne puis nazie. Elle est surnommée « la ville aux lions ».

la ville s'arrête. Tramways, bus, passants et même la neige : tout se fige quand résonne le clairon. Tout, sauf les larmes.

4 avril

L'hiver, à l'image de l'armée ukrainienne dans la furie de Bakhmout, fait de la résistance et le froid devient chaque jour plus intense. En quittant Lviv, je me rends à la laverie, passage obligé de toute randonnée au long cours. Temps de latence dans le tournis des tambours, l'odeur de lessive, chaude et sèche, le va-et-vient des clients à la patience minutée, lieux d'apparence si impersonnels et pourtant si intimes, où l'on lave son linge sale en public.

J'aurais presque quitté l'Ukraine à regret si ce n'était pour cette dernière journée. La grisaille, terne, le vent, polaire, la route, dangereuse, ces infinies files de camions apparues bien avant la frontière, m'empêchent d'apprécier ne serait-ce qu'un seul instant. Malgré mes multiples couches de vêtements, mon masque de ski et mon bonnet, le froid cingle mon crâne à la manière d'une crème glacée par une brûlante journée d'été. Impossible dans ces moments-là de porter mon esprit sur autre chose que la survie : garder mes roues entre la ligne blanche et la boue du bas-côté, ces vingt centimètres qui font office de bande d'arrêt d'urgence ; surtout ne pas dévier ; trouver un endroit abrité pour cuire les pâtes de mon déjeuner, puis un autre à peu près plat pour camper sur ce chemin tout cabossé, derrière l'une des dernières stations-service avant la Pologne ; monter la tente et vite me réfugier dans mon sac de couchage. L'Europe, l'avenir me paraissent loin…

5 avril

Le givre forme un dôme blanchâtre au-dessus de ma tente et je m'amuse de voir de minuscules bulles de buée s'envoler de ma bouche à chaque respiration. D'autres dômes, dorés, scintillent au soleil. Derniers arpents byzantins avant les clochers romains des campagnes polonaises.

Je retrouve la route et ses centaines de camions immobilisés. La perte des ports orientaux, bombardés, bloqués ou occupés, a transformé les portes de l'ouest en autant de lignes de vie pour un peuple assiégé. Ça bouchonne jusqu'aux tentes blanches du Haut Commissariat des Nations unies pour les réfugiés, devant le poste-frontière. À l'intérieur, beaucoup d'enfants et bien peu de parents, tous condamnés aux malheurs de l'errance. Un taxi jaune dépose une mère et sa fille avec leurs valises à roulettes, tandis que le père les regarde partir, nostalgique.

Pour la dernière fois avant de franchir la mer du Nord, je sors mon passeport. *Union européenne, République française.* Lettres d'or sur fond bordeaux. Dans la file d'attente, je songe à cette double citoyenneté, cette double appartenance politique avec la conviction acquise au fil des ans et des aventures que si je suis né Français, je mourrai Européen. L'identité, c'est comme l'écorce terrestre, des strates, des fragments de vie qui s'assemblent pour former un tout, mouvant et pluriel. C'est l'héritage intime du monde.

La douanière, surprise de me voir pousser mon vélo au milieu des femmes et des barrières, me sourit et appose son tampon. *Do pobachennya Ukrayino, dzień dobry Polsko !*

De l'autre côté du grillage, un gabelou polonais, crâne rasé et bras tatoués, m'accueille dans un français parfait. À la vue de ma petite sacoche, celle pourvue par la providence six jours plus tôt, il demande :

— Vous faites le Tour de France ?

— Plutôt mon tour d'Europe !

— Ah, ah. Rien à déclarer ? Alcool, cigarettes, drogue ?

— Non, rien.

— Vous n'êtes pas très rock'n'roll, vous, dites-donc...

Dès la frontière franchie, l'écart de richesse avec la cambrousse ukrainienne est saisissant : les routes, les maisons, les magasins, tout est plus développé. Il y a même une belle piste cyclable en guise de tapis rouge. Przemyśl passé, c'est parti pour les premiers cols du voyage, dans les contreforts des Carpates. Débute ainsi un ballet bien réglé : au bas des ascensions, je tombe deux ou trois vêtements et mon collant – cent dix kilos de chair, de métal et d'affaires à traîner, ça réchauffe – avant de les renfiler au sommet. À Babice, petit village sans autre intérêt que son épicerie, une commerçante m'offre le goûter comme une grand-mère gâterait son petit-fils. Il me faut bien ça pour arpenter toutes ces côtes qui baignent dans l'odeur âcre du charbon.

Dans les Carpates, mon premier feu. Le froid m'invite à me terrer et me blottir dans mon duvet. Cependant, je reste là, hypnotisé par ces flammes qui filent dans la nuit. Le feu comme un aimant, lien indicible, souterrain et millénaire avec nos aïeux, chasseurs-cueilleurs de l'âge de pierre, qui découvrirent sa lumière et sa puissance, s'en émerveillèrent, l'apprivoisèrent et firent basculer le destin de l'humanité tout entière.

6 avril

Réveillé par la fraîcheur de l'aube et le fin tintement des gouttes sur la toile. Jamais un très bon présage lorsqu'il s'agit de garder les affaires sèches.

Je m'habille et remballe avec le peu d'empressement qui convient avant d'affronter une tempête. Il neige. Toutes les Basses-Carpates sont recouvertes. La poudreuse m'oblige à décupler d'efforts tandis que le vent de nord-ouest souffle fort, pleine face. Au bout d'une heure, je sens ma chaîne se gripper. La glace apparaît et manque de briser les maillons. Par chance, je tombe sur une échoppe perdue dans ce grand désert blanc. Eau chaude et salvatrice.

Le passage au bar relève du rituel du voyage à vélo. Tantôt pour une halte, tantôt pour s'enjailler. Aujourd'hui à Strzyżów, dans la pizzeria du village, c'est pour me réchauffer, me sécher et descendre quelques pintes de thé. Il est 15 heures et j'ai parcouru trente kilomètres à peine. J'en ferai quinze de plus avant la nuit, avant de m'endormir près d'une chapelle, au son des flocons.

7 avril

La neige a cédé la place à la pluie. Une pluie glacée, de celles qui pénètrent jusqu'à l'os, s'incrustent, et dont il devient illusoire de se débarrasser. Replier la tente mouillée, ranger les piquets gelés, harnacher les sacoches aux porte-bagages, et avec les tendeurs, s'assurer qu'elles sont bien fixées : tout me brûle les mains. Avant même de démarrer, mes gants comme mes chaussures sont déjà trempés.

Petite route calme au dénivelé doux et régulier. De jolies granges en bois foncé jalonnent la montée au milieu d'arbres enfarinés. Un petit ruisseau serpente à travers champs, et de temps en temps, un chevreuil découpe la neige puis disparaît dans la forêt. C'est très bucolique. Tellement bucolique que j'en oublie le froid. Jusqu'au passage du col et la descente qui s'ensuit. Dans ces moments-là, on ne peut s'empêcher de se demander ce que l'on est venu faire dans une si belle galère. Je finis par trouver refuge dans un routier dont le plus grand trésor est à mes yeux ce grand radiateur électrique. J'y reste deux bonnes heures, le temps de tout faire sécher, à commencer par mes pieds gelés.

Des cheminées exhalent une fumée noirâtre et le smog répand son parfum âpre et puant. En Europe, la Pologne est le dernier grand bastion du charbon. Avec la guerre d'Ukraine, il a fallu se sevrer du gaz russe, du jour au lendemain. Alors le lignite flambe dans les maisons et brûle les poumons.

8 avril

Du dégoût et de la révolte. En contrebas de mon campement, juste au bord du lac, gisent les reliquats d'un feu. Foyer de canettes, bouteilles et mégots de cigarettes. Pourtant, il y a non pas une mais deux poubelles, là tout proche, à moins de cinquante mètres. Aucun doute que la soirée a été bonne dans ce si bel endroit. Ils ont bien fait la fête. Et ils vont continuer ainsi. Mais la fête est bientôt finie. À force d'égoïsme, d'hubris et d'ignorance, la Terre va s'embraser. Elle s'embrase déjà. Je ramasse leur curée comme ma génération et celles qui suivent auront à ramasser. Avec rage et dépit.

Mais paraît-il qu'il faut savoir pardonner. C'est Pâques après tout, et les fidèles se massent dans les splendides églises en bois typiques de la Galicie. Tous portent de petits paniers en osier couverts d'un carré de dentelle. À l'intérieur : du persil, du lard, des fruits ou des lapins en chocolat. Tout ce qui sera mangé après la messe et se doit d'être béni. Sans oublier les *pysanky*, ces œufs joliment peints, talismans autrefois païens devenus symboles du Christ ressuscité que les Soviétiques avaient bannis.

Derrière les tours des charpentiers et des menuisiers de Cracovie, ces corporations jalousement gardées qui structuraient jadis la vie des cités, une foule dense venue de toute l'Europe se presse à la foire pascale. Sur de grandes tables en bois, au milieu d'étals garnis de produits *made in China*, on dévore de grosses saucisses plus longues que le bras et des jambonneaux bien juteux arrosés de grosses lampées d'hydromel. Clic. Clic. Les selfies claquent par milliers. Photos d'époque d'un monde qui se conte en instants sur des comptes aux mille et une vues. Il faut avouer que c'est particulièrement beau. Sur la plus grande place médiévale du continent, des maisons de ville colorées entourent la halle des drapiers, dominée par le beffroi, la basilique et sa couronne dorée.

Au pied de la colline du Wawel, château et nécropole des rois d'antan, les traumas du passé restent solidement amarrés aux berges de la Vistule. Dans un café à l'ambiance feutrée, une armoire en guise de porte mène à une salle où seule la lueur des chandelles éclaire le sombre souvenir d'une fin de siècle si peu lumineuse. 1772, 1793, 1795... Personne ici n'a oublié ces années où la Pologne, alors liée au Grand-Duché de Lituanie, s'est retrouvée dépecée par l'Autriche, la Prusse et la Russie, jusqu'à ne plus exister.

— On sait ce que c'est d'être abandonné de tous, c'est pour ça que les Polonais se mobilisent autant pour l'Ukraine. On connaît notre histoire et ses horreurs. Il y a le passé lointain et celui de nos parents et grands-parents. Ils ont vécu l'invasion allemande de 1939, l'anéantissement de Varsovie puis la domination russe. Certains ont été emprisonnés, d'autres déportés. Tout ça, ils nous l'ont raconté. *Today, Russia is the enemy.* Si l'Ukraine perd cette guerre, nous serons les prochains. Poutine ne s'arrêtera pas là.

Emmitouflée dans son grand châle anthracite, Malgorzata parle de sa voix posée, en sirotant une grande tasse de café.

— En Europe, on vit dans une immense zone de confort et cette guerre nous le rappelle chaque jour. J'ai grandi entre la Pologne et l'Allemagne, je me souviens des contrôles à la frontière quand on partait en vacances dans la voiture de mon père, avant le grand élargissement de 2004[1]. Depuis, la vie est devenue plus facile : on peut voyager comme bon nous semble, étudier dans un autre État membre… Ça a tout changé pour nous. On en a fini avec cette honte d'être Polonais, d'être « de l'Est », cette seconde division européenne.

Une dernière gorgée, puis il est temps d'y aller. À la rencontre des fantômes de Kazimierz,

1. Le 1er mai 2004, Chypre, l'Estonie, la Hongrie, la Lettonie, la Lituanie, Malte, la Pologne, la République tchèque, la Slovaquie et la Slovénie intègrent l'Union européenne.

l'ancien quartier juif. Quelques boutiques ont repris les enseignes en bois des vitrines ashkénazes dans un folklore surtout destiné aux touristes mais le cimetière, lui, est toujours là, avec ses *matzevoth* étrangement réchappées de l'occupation nazie. De l'autre côté du fleuve, sur les cendres du ghetto de Podgórze, où les juifs de Cracovie ont été parqués et affamés avant d'être déportés, vingt-neuf chaises trônent sur une place, un visage éclairé sur chacune d'elles, celui d'une âme partie en fumée. Auschwitz est à un vol noir de corbeaux, là-bas, tout proche, au fond de la plaine.

Il est des terres où la différence relève à la fois du fardeau, du sacerdoce et du sacrifice. Ainsi de la Pologne des ultraconservateurs du PiS, le parti Droit et Justice qui, avec une ironie non feinte depuis près d'une décennie[1], prend un malin plaisir à bafouer le droit et mettre au pas la

1. Le PiS a été renvoyé dans l'opposition suite à la victoire d'une coalition pro-européenne aux législatives d'octobre 2023. L'exceptionnelle mobilisation des jeunes et des femmes a fait basculer l'élection.

justice. Oskar travaille au centre communautaire juif de Kazimierz. Il y a quatre-vingts ans, il n'aurait pas porté l'étoile jaune sur son tricot blanc. Car Oskar n'est pas juif. Non, il y a quatre-vingts ans, l'âge de sa grand-mère, il aurait dû épingler un triangle rose. Car Oskar est homosexuel.

— Les opprimés devraient toujours être solidaires dans la lutte. L'homophobie qui traverse la société polonaise, encouragée par les plus hautes institutions, a des liens évidents avec l'antisémitisme d'avant-guerre. La discrimination, la marginalisation, puis l'exclusion... Ça commence toujours ainsi. De nos jours, l'extrême droite revient en force, aux quatre coins du continent. Aussi, il est devenu crucial pour moi d'afficher le drapeau arc-en-ciel à ma fenêtre, de tenir la main de mon amoureux dans la rue, d'être *visible*. Pour les autres. Pour qu'ils n'aient plus peur.

À quoi ressemble la peur désormais de ce côté de l'Europe ? Peut-être à une odeur. Celle de la guerre et de ses déracinés, celle de huit millions de réfugiés. Celle que Mikolaj a humée lorsqu'il s'est rué à l'est, à la fin de l'hiver dernier, pour aider, sans trop savoir comment, parce qu'il le fallait, tout simplement, parce qu'il aurait aimé que l'on en fasse autant si jamais il avait dû tout abandonner pour se sauver. Celle dont le souvenir ne l'a plus jamais quitté et qui emporte les larmes dans sa gorge.

— Elle était là, partout… Dans ce hangar où ils étaient entassés, l'œil affolé… dans les trains pour Prague ou Varsovie… dans la misère et les pleurs… partout régnait l'odeur de la peur.

Et dans ses pleurs à lui s'en va l'insouciance de l'adolescence, culbutée par la violence d'une réalité si longtemps déprisée, presque oubliée, celle de l'Histoire et ses tragédies, que l'on ne saisit véritablement que lorsqu'elle nous rattrape, après des décennies de paix.

Près de l'université Jagellon, arcades de marbre et briques rouges, des fleurs au goût de miel naissent des cerisiers. Une vieille dame vend des bretzels au coin de la rue : un pour trois zlotys, cinq pour dix. Avec des prix pareils, elle attire tout ce que le quartier compte d'économes en ces temps d'inflation, à commencer par les étudiants en UV précarité. Deux rues plus loin, dans le hall d'un immeuble gris sans charme et sans relief, quelques marches puis un long couloir sombre. Derrière une porte rouge, un fatras de petites tables en formica, de chaises en bois, de nappes en dentelles, de plantes et de chandelles. Des notes de jazz s'échappent d'un vieux poste radio tandis que trois canaris tentent de coller au tempo. Aux murs, des moustachus couronnés contemplent d'autres moustachus, des habitués débarqués d'un autre temps, celui des *bar mleczny*, anciennes cantines communistes, où le peuple de Kraków avale machinalement des *pierogi* bon marché.

Café Charlotte, dans la vieille ville, à l'abri des remparts. Mon rendez-vous est un poil en retard alors je patiente autour d'un jus d'orange. Trois adolescentes me sourient, je les salue, surpris qu'elles soient si jeunes. Lena, Maria et Jagoda ont quinze ans à peine. Au début de l'année, elles ont monté un groupe d'action dans leur lycée, parce que dans cette Galicie noire de fumée, il faut bien se bouger, mobiliser, manifester pour rendre l'air plus respirable et l'avenir désirable.

— C'est terrible de grandir avec la conviction que notre futur est largement hypothéqué par l'action des générations passées. On souhaite seulement avoir encore la possibilité de rêver. Mais aujourd'hui, la jeunesse est prise en étau. On nous demande de sauver le monde d'une catastrophe annoncée et l'on refuse de nous écouter, de nous laisser prendre part au débat, sous prétexte que l'on manque de maturité. Mais qui a cramé cette planète, bon sang ?

Voilà cinq jours que je suis entouré d'immeubles, de troupeaux de touristes et de gyrophares hurlants. Vacarme et tournis. Ça me rappelle ma vie parisienne, d'un peu trop près je crois. Je commence à trépigner. Une solitude paradoxale me gagne. La masse de la ville a l'effet d'un poids qu'il me tarde d'envoyer valser sur l'asphalte. Pour un homme pressé du désir de décamper, rien de plus efficace qu'un vieux train de banlieue polonais filant vers le sud, en direction des montagnes, dont le plus grand luxe est d'accepter les vélos non démontés. Seul hic, des travaux sur les voies m'obligent à m'arrêter vingt bornes avant la destination visée alors que la nuit approche. Un hic, vraiment ? À la sortie de la gare, une route s'en va à travers champs et villages. La nuit est là désormais, le froid aussi. Je ne trouve pas mieux qu'un carré d'herbe sur le bas-côté pour planter la tente. Parfois, c'est le bivouac qui vous choisit.

13 avril

Après une heure de plat, j'entame l'ascension d'un petit col, pas long mais d'une raideur à brûler les mollets, tant et si bien que je suis contraint de zigzaguer pour atténuer la pente, plus piquante encore que les sapins alentour. Première fois que j'en bave autant. Qui de la route ou du cycliste tatane l'autre ? En haut du chemin, le Christ sur sa croix m'accueille à bras ouverts, fin du calvaire. Par-delà une jolie grange se dressent les cimes blanches et déchiquetées des Tatras. La Slovaquie n'est plus qu'à une journée de route.

Un détail – mais est-ce tant un détail que cela ? – me frappe depuis mon départ de Kyiv. Dans presque chaque village traversé, aucune trace de café, auberge ou autre agora si propices aux rires, aux débats et aux éclats de voix. Serait-on condamné à se rassembler dans les églises ?

Dans l'unique restaurant de Chabowka, petit bourg dont le plus grand drame est d'avoir vu sa route coupée en deux par de récentes inondations, Paulina enveloppe sa tasse de thé fumante de ses mains blanches. Pas simple d'être une femme dans la Pologne actuelle, bigote et réactionnaire, surtout quand on a goûté aux délices des nuits lisboètes le temps d'un Érasmus. Elle en veut à ses parents, chez qui elle vit pourtant, faute de pouvoir se loger à bon prix avec son salaire d'usine. Elle leur en veut de soutenir le PiS, de se chauffer au charbon, d'obéir aveuglément aux dogmes de l'Église. « On vote pour des partis diamétralement opposés. » L'interdiction de l'avortement plane au-dessus de son désir d'enfant : qu'adviendrait-il si la grossesse dérapait ? La prison ou même la mort, faute de soins ?

— Pour les jeunes comme moi, il est clair que l'Europe protège nos derniers droits. Sans ça, on ressemblerait à la Russie. Mais combien de temps la digue va-t-elle résister ?

Et puis, élever un enfant dans un monde carbonisé, avec la guerre à sa porte, est-ce bien raisonnable ? Mais elle garde toutes ces angoisses pour elle, ses parents ne comprendraient pas. Conflit de générations, fin de transmission. Ses yeux bleus se troublent. Puis elle s'inquiète.

— *Where are you sleeping tonight ?*

— Dans une petite forêt que j'ai repérée, à la sortie du village.

— Dans la forêt, vraiment ? Non, c'est hors de question, il fait trop froid. Ma mère gère un centre d'hébergement pour les réfugiés ukrainiens, non loin d'ici. C'est sûr qu'il y aura une chambre pour toi, il y en a toujours, au cas où.

14 avril

Faire un voyage, c'est avant tout accueillir l'inattendu, la rencontre humaine, animale ou végétale, et s'émerveiller de la beauté du monde. Qu'importe le plan établi, l'itinéraire prévu, bien calculé, tout tracé, le voyage est avant tout une disposition d'esprit. Celle de donner à l'errance sa part de chance, d'oublier la notion d'échec, et de bénir la surprise. Dès le petit-déjeuner, au milieu des réfugiés.

Ses parents l'avaient nommée lumière, Lusya. Cette ancienne ballerine ukrainienne venait d'Odessa et n'avait d'yeux que pour sa ville, dont elle répétait le nom dans un mélange de tendresse, de rêve et de tristesse. L'exil est un mal incurable. Mais ses yeux pétillants disaient bien d'autres choses de sa vie, commencée peu après la Seconde Guerre mondiale. « J'ai grandi sur la banquette arrière de la voiture familiale », s'amuse-t-elle. Son père, pilote dans l'armée de Staline, et sa mère, ancienne cadre des *Komsomols*, les jeunesses communistes, avaient pu s'offrir une petite Moskvitch, la voiture du peuple rouge, et lui ont donné le goût du voyage. Puis est venu le temps du ballet, du mannequinat, sa rencontre avec Coco Chanel. C'était en 1967, à Moscou. De retour à Odessa, le diamant de la mer Noire, imaginé par Pierre le Grand, immortalisé par Eisenstein, aujourd'hui bombardé par Poutine, elle devient costumière pour les studios de cinéma de la ville. De ce métier, elle a conservé une machine à coudre, qui l'a suivie jusque dans sa fuite polonaise. L'URSS s'est effondrée le jour de son

43e anniversaire – elle se trouvait à Moscou – et dès lors, dans son Ukraine enfin indépendante, les frontières comme les possibles se sont ouverts. Pouvoir parler sans crainte, penser sans crainte, vivre sans crainte. Et voyager… Je l'écoute des heures durant abreuvé d'un vin bulgare au goût de chocolat. L'hospitalité ukrainienne, jusque dans l'exil.

Mais le périple doit reprendre ses droits et moi la route. En cette après-midi maussade, je glisse entre les gouttes et les sommets encore blancs de neige du Baníkov et du Babia Góra pour finalement franchir la frontière slovaque comme on passe de Normandie en Bretagne au détour du Couesnon – le plus naturellement du monde. À peine un panneau pour indiquer les limitations de vitesse à respecter, c'est tout. Limitations qui me concernent assez peu.

Je prends le premier chemin sur ma gauche, en direction du lac Orava, le plus vaste du pays, et dans une clairière de mousse bien moelleuse, je m'endors l'esprit tranquille avec le souvenir de Lusya et d'Odessa.

15 avril

Prendre le temps, contempler, sentir l'humus matinal, sourire quand le soleil surgit derrière la canopée et réchauffe l'échine. Ranger ses affaires, lentement, replier la tente, tranquillement, fredonner. Les plaisirs simples du bivouac sont refoulés dès mon retour sur cette grande route nationale, avec ses lignes droites dangereuses et son vent de face. Ne manquent que la pluie et la grêle. Elles tombent, l'une après l'autre, foudroyantes, peu après le village de Hruštín – à vélo, on s'amuse de ces calembours. C'est à peine si je peux garder les yeux ouverts dans la descente. Puis le déluge cesse, d'un coup, comme si la tempête avait calé son sablier sur cinq minutes. Soudain, il apparaît dans la brume épaisse des Carpates, juché sur son éperon rocheux : le château d'Orava, inquiétant et biscornu, où l'ombre de Nosferatu hante toujours les pas de quelques audacieux.

La Slovaquie est un pays de montagnes mais peu de villages possèdent la beauté de Vlkolínec et ses maisons de bois pastellées de vert tendre, de bleu azur ou de jaune pâle. Un cadre parfait pour passer la nuit en altitude. Je suis presque à court d'eau, mais par chance, un passant accepte de remplir mes bidons dans sa maison adjacente. « *There is a lot of beer where you go* », me lâche-t-il dans un anglais fébrile, sans autre forme d'explication. Vlkolínec étant classé au patrimoine mondial de l'Unesco, l'idée d'y trouver quelques brasseries pour touristes me semble assez logique et la perspective d'une bonne pinte me donne le surcroît de motivation nécessaire avant une nouvelle ascension que je sais corsée d'avance. En nage dans des lacets à plus de 15 %, je m'imagine déjà, dix minutes plus tard, assis en terrasse.

Arrivé au village, le bar tient porte close et un panneau indique la présence de *brown bears* dans les parages. Parfois, il suffit d'une lettre pour changer le cours d'une histoire. Pas de quoi s'affoler pour autant, je m'installe derrière l'église pour m'adjuger la protection d'un hypothétique Tout-Puissant et j'observe les précautions d'usage, à savoir dîner loin du bivouac et hisser mon sac de provisions à bonne hauteur.

Le soir, à Vlkolínec, les anciens jaugent l'étranger d'un œil douteux, et c'est tant mieux. Pendant que je m'envoie une platée de nouilles dans la pénombre de la rue, un vieux barbu un tantinet bourru me demande où je compte dormir. Candide, je lui indique le champ derrière la croix.

— *Nie, nie, nie.* C'est du suicide. Les ours rôdent partout la nuit, surtout là où tu t'es foutu. En plus, ils sortent d'hibernation et sont affamés. Tu dois t'en aller.

Avec l'aide d'un ami, il finit par me dégoter un jardin sécurisé par des clôtures. Frontale allumée plein phare, je retourne à ma tente pour décamper *manu militari* quand un pas lourd et puissant fait trembler la terre et me glace le sang. Le pas d'un ours en fuite, à quelques mètres à peine. Jamais je n'ai plié bagage aussi prestement que ce soir-là. À défaut de bière, je tombe dans le jardin de mon hôte sur une bouteille de Śliwowica – un alcool de prune local – déjà entamée et décide de m'en enfiler quelques gorgées bien méritées.

16 avril

De retour dans la vallée, la piste épouse le lit de la Revúca sur une ancienne voie ferrée. Seuls quelques déchets plastique entachent cette balade au milieu des sapins. D'un songe dépité, je pose mon regard sur la cascade, galets blancs et rochers lisses, sur la mousse, puis les prairies de pâquerettes.

Je repense à mes années passées au Qatar. Du jaune et du gris. Partout du jaune et du gris. Jamais de vert, ou si peu, et seulement d'artifice. Le désert assèche tout, même les âmes. À l'époque, je rêvais de voyages à vélo et de bivouacs en forêt. Je rêvais d'oxygène. Je rêvais de voguer à travers l'Europe et ses paysages verdoyants dans la douceur du printemps, de sentir la caresse du vent. Alors, le long de cette rivière, au milieu des sapins et des prairies, je souris malgré tout.

17 avril

Est-ce l'accumulation des kilomètres et des ascensions ou simplement « un jour sans » ? Cette journée se transforme en un long chemin de croix. Distance parcourue : quarante bornes à peine. Mais mes jambes ne répondent plus. Raides, douloureuses, avec des crampes derrière les cuisses. Seul le paysage me donne un motif de consolation, et encore, quand je parviens à décoller les yeux du bitume, à la limite du vertige. Dans certains villages de montagne, des haut-parleurs diffusent des annonces locales et de la musique folklorique, héritage des années 1950 toujours en vogue dans ces provinces reculées. Des vaches au poil roux et des moutons blancs semblent prendre un bénin plaisir à me dévisager. Ils ont tout leur temps.

Je finis par pousser mon vélo sur les dernières encablures, incapable de mettre le moindre coup de pédale supplémentaire. Ultime virage et puis la grande longère avec ses murs blancs de chaux émerge du feuillage. Quelques mètres de plus et c'est le four à pain, la chèvrerie et la grange close par d'immenses portes en bois. Deux chiennes aboient comme on sonne la cloche, pour avertir, non pas d'un danger, mais simplement de l'arrivée d'un étranger. Me voilà à Sekier, hameau perdu dans le massif de Javorie. Trois jeunes me regardent avec le flegme qui sied aux ermites, tandis que je reste dehors sous l'averse. Il y avait eu tant de cols, de frayeurs et de sueur depuis la dernière douche.

Le silence de Sekier. Un silence animé des bruits de la ferme. Les oiseaux, la pluie sur la toiture, le crépitement du bois dans le four, le croquement du foin lorsqu'il est mangé. Il arrive à Laïka, la grande chienne blanche, de pousser des cris de loup. Là-haut, la voix de Janka et ses *kozy kozy kozy*[1] dévalent le champ aussi vite que les chèvres. Parfois, une tronçonneuse gémit au loin, un canon aussi – un camp militaire se dresse à deux montagnes vers l'est. Même les humains sont économes de leur parole. On dirait des moines, qu'ils fassent des semis pour l'été

1. Chèvres, en slovaque.

ou cueillent des pieds-de-chèvre pour le déjeuner. Pendant les repas, les cuillères tintent, les bouches lapent et les gorges avalent. Des moines, vous dis-je.

Paris, son tumulte et sa frénésie de cris, est à une vie d'ici. Sur ces hauteurs, on a appris à ralentir depuis longtemps. « Profits », « compétitivité », « concurrence », « burn-out » et « embouteillages » relèvent de la faute de goût, si ce n'est du barbarisme. À Sekier, un peu plus près des nuages, on parle un autre langage, celui de la permaculture. Les âmes vivent au rythme des saisons, prennent soin de la terre et la respectent ; légumes et plantes poussent en bonne association, la monoculture et les pesticides sont bannis, le productivisme aussi. Les récoltes varient tout autant que les goûts, on ne réussit pas toujours tout puisque la nature reste maîtresse, charriant avec elle son lot de surprises, de labeur et d'émerveillements. Je songe aux milliards de la PAC, cette politique agricole soi-disant commune qui néglige les communs à force de subventionner une agriculture intensive, destructrice des sols, de la biodiversité et des humains. Ne seraient-ils pas mieux employés à répliquer des millions de Sekier ?

Un silence enfin brisé par l'arrivée des Belges, Sander et Éponine, puisqu'avec eux tout devient festif et joyeux. Lui est venu de Flandre faire son service volontaire européen, « le temps de voir passer les quatre saisons, comme Vivaldi ». Elle a débarqué en Slovaquie après ses études, puis n'est jamais repartie. Sept ans maintenant qu'elle mène sa troupe au doigt et à la brouette. À l'heure où la fatigue s'empare de la ferme, elle s'affaire dans la cuisine, pétrit le pain du lendemain, la main ferme, le geste pur, et ces yeux rieurs qui déroulent un tas d'idées pour le festival de l'été prochain. Ce sera dans le champ juste au-dessus, derrière la chèvrerie. Deux cents personnes pour trois jours de musique, de poésie et de communion.

Elle aime bien ça, communier. Avec la nature, avec les autres, mais surtout avec sa chienne – celle qui pousse des cris de loup – lors des levers de soleil de l'hiver, quand elles grimpent ensemble, tout en haut de la colline à travers la poudreuse et que la Javorie s'éclaire à petit feu. Vivre à la ferme, c'était son rêve de gosse.

— J'aime voir le potager pousser, produire ce que je mange, m'occuper des chèvres, escalader les falaises alentour, et me satisfaire de peu, surtout depuis le Covid et ces confinements à répétition. Ici, j'ai découvert une autre manière de vivre, au rythme du soleil et des saisons, loin, très loin de la ville et de ses diktats. C'est une vie simple, presque autosuffisante, une vie pleine de sens. Une nécessité à l'heure du réchauffement climatique et du retour de la guerre.

Une existence en phase avec sa promesse de jeannette – « le scout s'engage là où il vit » – qu'elle s'était faite il y a vingt ans. Je repense à mon séjour au Cameroun, aux scouts liégeois que j'avais rencontrés au détour d'un sentier et dont j'avais hérité du foulard, désormais porté à chaque voyage, tel un hommage à toutes ces leçons apprises dans la brousse, loin du confort que seul je connaissais – privilège d'être né au nord de la Méditerranée, dans un pays devenu riche en exploitant l'essence du monde.

21 avril

Malgré ces trois jours de repos, la traversée des monts slovaques a laissé des traces. Ma cuisse droite continue de me faire souffrir et son adducteur menace à tout moment de claquer. J'opte donc pour la méthode douce et les vitesses basses. À dire vrai, rien de mieux pour apprécier ces petites routes de campagne sous le soleil de printemps. Un dernier regard par-dessus l'épaule, c'est l'adieu aux Carpates. *Welcome to Hungary.*

De là s'ensuivent quarante bornes de nationales infernales. Des camions dans tous les sens, aucune bande d'arrêt d'urgence, ma vie dans la balance, en permanence. Une faute, une seule, et c'est l'accident. Concentration maximale, humeur détestable. Je peste contre absolument tout ce qui me passe par la tête puisqu'il faut bien blâmer un autre pour ce mauvais choix d'itinéraire. J'en ressors lessivé. Au terme d'une énième grimpée, le Danube, rosi par la flambée du crépuscule, ondule sereinement vers le sud.

22 avril

Des nouvelles de ma mère. Entre deux tartines de pain beurré au miel, je lui raconte Cracovie, la Slovaquie, la route de la veille. Et Auschwitz. C'est la première fois que j'en parle. Les larmes me viennent. Au bord du Danube et ses berges boisées, sous le soleil chaud du matin, je pleure sans pouvoir m'arrêter. « Tout le monde devrait se rendre un jour à Auschwitz », finis-je par souffler.

Avant ce voyage, Budapest était l'une des rares villes à l'est du défunt rideau de fer que j'avais visitées. C'était en 2010. En février précisément, pour mes vingt ans. À l'époque, les affiches orange du Fidesz ornaient les murs de la ville, augurant d'un raz-de-marée national-populiste. Révision constitutionnelle, politisation de la justice, censure de la presse indépendante, répression de la liberté d'expression et des droits humains, népotisme : la recette illibérale allait essaimer et son chef, Viktor Orbán, devenir l'icône des extrêmes droites du continent.

Arriver par le nord, c'est d'abord longer l'île Marguerite et ses peupliers en fleur qui déversent sur la ville leurs flocons de pollen, jusqu'à former des névés cotonneux et baladeurs. En surplomb, la citadelle de Buda et ses châteaux coiffent la ville en toute majesté et rappellent qu'en ces murs ont régné souverains catholiques et sultans ottomans. Côté Pest, au balcon de l'Országház, somptueux palais qui abrite le Parlement et le siège du gouvernement, le drapeau hongrois flotte, fièrement. Pourtant, deux hampes restent vides. Oubliées, les bannières bleues étoilées d'autrefois ; effacés, les symboles de l'Union : dans la Hongrie d'Orbán, seuls les milliards de Bruxelles ont désormais droit de cité.

Depuis deux ans, Klubrádió, « cette île de liberté dans un paysage médiatique sinistré » – tels sont les mots de son rédacteur en chef –, n'émet plus que sur Internet et survit grâce aux donations. Réfugiés à la Maison des syndicats, comme les opposants au temps de Kádár, ils battent le fer, quotidiennement. « En Hongrie, on est encore libres de dire ce que l'on veut.

Seulement, presque personne ne nous entend. » Ainsi meurent les démocraties.

— J'ai grandi avec Orbán au pouvoir. J'ai vu les conquêtes démocratiques s'envoler, les chaînes de télé mises en coupe réglée. Le Fidesz est partout, tout le temps, se désole Vivián, grande blonde aux yeux bleus dans son perfecto noir, celui qu'elle porte les jours d'interview. Je rêve de voir ce gouvernement tomber, et plus encore, de rebâtir une démocratie juste et honnête. C'est pour ça que je me suis engagée dans le journalisme.

Elle a fait le choix de rester dans cette Hongrie qu'elle aime tant, avec sa langue étrange venue des plaines de l'Oural oriental. Mais que devient un pays boudé par une part croissante de sa jeunesse qui lui préfère l'Europe et l'exil ? Il se vide lentement et rétrécit, à force de chagrin.

Longue balade sur les hauteurs de Buda. Rues pavées de pétales roses à peine fanés. Aux branches des cerisiers, d'autres fleurissent encore par milliers. Fragiles lignes de vie et ode de l'éphémère sur la citadelle de pierre.

En treize ans, la perle a bruni. Il reste peu de ce Budapest libertaire et bohème, terreau fertile d'inventions sociales et de rencontres amicales. Ce bastion alternatif a subi le même sort que le pays. Le tourisme de masse a conquis la ville, ruinant le charme décati des *ruin bars* avec ses hordes d'Anglais, d'Allemands ou de Portugais venus enterrer leurs vies de fille ou de garçon, et l'Europe des vols *low cost* pavanée sur des réseaux asociaux a déferlé sur la ville comme la peste illibérale sur la Hongrie.

Subsistent encore, çà et là, quelques oasis fécondes, où l'on revient à la racine, des choses et des mots, pour retrouver le sens des limites et inventer une autre société, où la richesse se mesure en sourires et les échanges en partages, où de futurs ingénieurs se muent en intellos rêveurs et débattent du bonheur. Sinon quoi ? Trimer dans un boulot vide de sens, faire suffisamment de pognon pour consommer, accaparer, jeter, puis consommer, encore, consommer toujours, jusqu'à se consumer dans un monde à cinquante degrés ?

— Regarde notre société croissanciste. Regarde-la bien dans les yeux vides et fatigués de ses forces soi-disant vives désormais épuisées. Regarde la tronche des gens dans le métro ou dans les bouchons. Ils ont l'air heureux ? N'a-t-on pas raté quelque chose d'un point de vue anthropologique ?

Aymeric, Melen, Nicolas et Paco passent leur printemps à Budapest, le temps d'un stage de fin d'études. Ils parlent avec la conviction des pionniers d'un monde d'avance, celui de la décroissance, d'un monde de conventions citoyennes et de démocratie participative, pour qui l'utopie n'est pas l'irréalisable mais l'irréalisé, où chacun est libre de s'épanouir grâce à la collectivité et où l'économie retrouve sa juste place, naturelle, au service des hommes et dans le respect du vivant.

Les auberges de jeunesse ont ceci de commun avec les gares qu'elles sont des carrefours de voyageurs. En Europe, les jeunes qu'on y croise s'envolent souvent sur les rails avec leurs gros sacs de baroudeurs, de villes en pays. Gdańsk, Bologne, Séville, Sofia, Riga… Collection de destinations sur le quai des souvenirs. Les plus téméraires poursuivent l'aventure, bercés par le roulis du train et des envies d'ailleurs, jusqu'à la Sublime Porte, jusqu'au Bosphore, jusqu'aux confins de l'Orient. Qui n'a pas un jour rêvé de flâner dans le grand bazar et ses chaudes ruelles dorées de bagues de sacellaires et de mésazons, de fruits sucrés et de chasubles brodées, tel un marchand byzantin à la sortie de Sainte-Sophie ?

Un soir, Joana et Jacky, deux Allemandes, me sortent au Morrison's 2. Mon idée de l'enfer. Le nom pour commencer ; la banderole « Full Moon » ensuite. Puis un labyrinthe de salles bondées d'étudiants en mal de chopes, de la musique de supermarché, une arène de *beer pong*, ce jeu si peu hygiénique dont on se lasse bien vite. Malgré tout, la soirée reste agréable, les filles me racontent leur Interrail, du Portugal à Budapest. C'est la fin de leur voyage. Le mien n'en est même pas à la moitié.

Approche l'heure du départ. Ciel noir et vent du nord. Je franchis le Pont aux chaînes, le plus vieux de la ville, pour un ultime baroud, de Pest à Buda. Rive gauche, quelques rayons de soleil percent la grisaille et frappent l'Országház. Je repense à ma rencontre, le matin même, avec Lukács, jeune assistant parlementaire d'un député d'opposition. À l'enthousiasme qui l'animait jusqu'au soir des dernières élections, l'année passée, quand il croyait pouvoir renverser la table et se débarrasser d'Orbán, enfin. En vain. À cette rancœur qui l'habite depuis le printemps 2017, lorsque l'autocrate du Danube ordonnait la fermeture de son université[1] – « pour la première fois, j'ai vraiment senti la poigne de l'autoritarisme sur ma nuque car on nous privait d'opportunités ». Aux morts du soulèvement de 1956 puis à la « dictature goulasch » auxquels les Hongrois s'étaient habitués sous le régime de János Kádár, où l'opposition était tolérée à condition de rester cachée. Curieuse continuité, de siècles en générations. Alors, devant l'Országház illuminé, je revois le sourire de Lukács, sa volonté de se battre pour une Hongrie européenne, son espoir d'y rétablir la démocratie et l'État de droit un jour, même si le combat, il le sait, sera rude et infini.

Au nord de Budapest… Pour la première fois depuis mon départ de Paris, le blues me saisit.

1. L'université d'Europe centrale, financée par le philanthrope juif américano-hongrois George Soros, bête noire des extrêmes droites américaine et européenne.

Marie et son rire, mes amis et nos rituels me manquent. Pour ne rien arranger, je me coince une lombaire. Midi a sonné depuis longtemps et las, je rejoins l'Eurovélo 6 qui se trouve au bout du champ. En piste. Je n'irai pas loin.

Au terme d'une vaste courbe, elle pointe à travers la frondaison. Furtivement. Forteresse à toit rouge haut perchée. Une muraille la relie à une grande tour en contrebas de la colline, la tour de Salomon, et celle-ci dompte le fleuve comme le roi légendaire la terre d'Israël. Visegrád, citadelle d'été des rois de Hongrie, domine le Danube depuis près de huit cents ans, et les invasions d'aujourd'hui relèvent plus des bateaux de croisière que des cavaliers mongols d'hier. De belles pelouses semblent n'attendre que moi, tout comme le bar mitoyen et sa bière fraîche bon marché, postes d'observation rêvés d'un paysage à la beauté bientôt millénaire, et sous un ciel d'un bleu à faire rougir le soleil, je terrasse ainsi mon blues et ma douloureuse lombaire.

28 avril

Au cours de la nuit, une pluie de missiles russes endeuille les villes d'Ukraine. Vingt-six morts. Cueillis dans leur sommeil par l'horreur de la guerre.

Mis à part les zigzags entre la Hongrie et la Slovaquie sur le dos du Danube, frontière commune aux deux pays sur plus de cent cinquante kilomètres, l'imposante église d'Esztergom et sa jolie citadelle fortifiée, cette journée n'a vraiment rien d'extraordinaire. Je pédale tranquillement sur des pistes cyclables, de la minimale et des podcasts dans les oreilles. En paix.

Du Danube au Nil, il y a deux mers et deux détroits. Mes pensées suivent le cours du fleuve, vers le sud. Depuis une dizaine de jours, le Soudan est en guerre. Les deux généraux qui avaient renversé le vieux dictateur Omar Al-Bachir quatre ans auparavant et torpillé la révolution se livrent désormais bataille dans les rues du pays. J'ai connu Hiba, jeune journaliste soudanaise, dans la torpeur du Qatar, le temps d'un été. Puis elle est retournée chez elle couvrir les soubresauts annonciateurs du soulèvement d'avril 2019. Elle à Khartoum dans la clameur de la foule, moi à Doha cramponné à mon bureau, nous avons relayé sur les ondes d'Al Jazeera English cette immense vague d'espérance portée par des masses éprises de liberté. Ainsi, au bord de ce fleuve d'Europe si tranquille, tandis que le chaos s'abat à nouveau sur les rives du Nil, je pense à mon amie et à sa petite fille bientôt jetée sur les routes de l'exil.

29 avril

Dans ce lacet du Danube où j'ai planté ma tente pour la nuit, ce ne sont pas les coqs qui chantent de bon matin, mais les oies sauvages, par le vol de 05 h 38. Le second réveil est l'œuvre d'un colporteur dont le message résonne aux quatre coins du village. « *Megérkezett a magyar eper ! Eper, burgonya, hagyma, paprika, paradicsom és uborka elado*[1] *!* » Il y a parfois des variantes, histoire d'épicer un peu cette réclame monotone. Le *paprika* prend la place du *hagyma* ou du *burgonya*, et inversement. Il déclame tout cela dans un patois qui tient plus du magyar que du slovaque. Après tout, la Hongrie se trouve sur la rive opposée. Dans le jardin attenant, l'idée du paprika semble travailler le mari. « *Papriku netreba*[2] », lui répond sa femme, visiblement plus au fait de l'intendance.

J'ai hâte d'arriver à Komarnó pour le déjeuner. Je me vois déjà avaler une *langós* – galette de pain au fromage bien crémeuse typique de la région – sur la place de l'Europe, dont chacun des quarante bâtiments épouse l'architecture d'un pays du continent. Si l'idée est noble, le résultat pèche par excès de kitch et la fête foraine qui s'y tient accentue le côté Disneyland de cette agora construite en 1990. Je décide de passer mon chemin et la rivière pour déjeuner en Hongrie.

---

1. « La fraise hongroise est arrivée ! Fraises, pommes de terre, oignons, paprika, tomates et concombres à vendre ! »
2. « Pas besoin de paprika. »

L'Eurovélo 6 court sur la frontière et le sommet d'immenses digues corsetant le Danube, ce qui offre une jolie vue sur les plaines slovaques et les collines hongroises, quand l'horizon ne se confond pas avec la masse des arbres. Le vert foisonne, de mille nuances, de mille fragrances, de ces verts d'Europe, familiers, doux et éclatants. C'est le printemps.

Retour en Slovaquie. Qui dit eurovéloroute dit cyclorandonneurs. En majorité allemands et autrichiens, avec leurs belles sacoches toutes propres et leurs paquetages au carré. Soit mon exact opposé : une grosse sacoche tachée de goudron à l'arrière droit, une autre perméable à gauche, le tout surmonté d'un sac tenu par des tendeurs auxquels pendent mon casque et mon gilet jaune fluo. À l'avant, une autre sacoche, identique à la deuxième, et la petite siglée du jaune du Tour de France, celle que m'avait offerte le vélociste de Khmelnytskyï. Attelage bariolé à l'humeur latine, en somme.

Le chant des grillons et le sucre des glycines. Premier bain dans le Danube. Premier bain sauvage. Un mois que j'attends ce moment. Dîner au bord de l'eau, une plage arborée en fond d'écran. Des pâtes, un peu de pain et une pomme. Silence bavard de la nature, sourire hagard de l'aventure. Dans la brume du crépuscule, les grenouilles remplacent les oies de l'aurore.

30 avril

Les bourrasques soufflent si fort que ma tente manque de terminer sa course dans le fleuve. J'avais enlevé toutes les sardines au moment de la replier, erreur de débutant.

Cette journée sera éprouvante. Vent de face, force 6. De vastes plaines à ma droite, au nord. Le Danube et ses interminables lignes droites à ma gauche. Fini, les grands méandres des jours précédents, place désormais à une platitude digne des Flandres. Je pédale. Encore et encore. Tête baissée. Seuls les champs de moutarde avec leur joli jaune et leur odeur de circonstance adoucissent un peu la tempête.

Enfin un abri. À mon tour de souffler. Aleš m'a précédé sur le petit banc en bois adossé au cabanon de l'embarcadère. Il attend famille et amis qui subissent eux aussi le tourment du vent. On se met à causer. Il vient de Košice, tout à l'est du pays, non loin de l'Ukraine, et bosse dans l'import-export avec l'Italie. « La Slovaquie est un petit pays, sans accès à la mer. Sans l'Europe, que pèserait-on dans le monde actuel ? », lance-t-il du haut de sa cinquantaine grisonnante. Né derrière le rideau de fer, il a caressé le velours de la révolution avant de voir son pays, la Tchécoslovaquie, éclater. Ses rides portent la mémoire de cette vie ballottée d'Est en Ouest, dont au final il ne retient que la promesse devenue réalité d'une plus grande liberté.

Femme, amis et enfants nous rejoignent, et tous s'amusent de mon barda. Je guide la visite de ce vaisseau roulant – à l'arrière la chambre à coucher, la bibliothèque, la salle de bains et la penderie ; à l'avant la cuisine, le débarras et la buanderie – tandis que mon histoire d'ours des Carpates suscite de vifs éclats de rire.

Aux hurlements du vent succèdent les cris du ventre. En cette fin d'après-midi, la faim m'attaque bile en tête. J'ai une envie terrible de légumes frais. Je ne mange le plus souvent que des pâtes et du muesli. Plus pratique, plus économique aussi, en ces temps d'inflation. Mais là, je rêve de tomates, de salade et d'huile d'olive. La ville de Šamorin approche et je me ravitaille à la première épicerie venue avant d'engloutir mon gueuleton, les mains grasses et l'appétit féroce ; les regards en coin des promeneurs du soir m'indiffèrent totalement.

1er mai

Deux ans déjà que, dans l'évidence de la nuit, mon cœur s'est lié à celui de Marie. Je la retrouverai quelques jours plus tard, à Vienne, alors pour patienter, sous ce soleil qui annonce l'été, je retrace le fil de ces deux dernières années. Les premiers jours dans sa minuscule tour d'ivoire du Quartier latin, l'escapade en Catalogne, les pavés de Barcelone que l'on se plaisait à fouler d'un pas ralenti par le plaisir de faire durer, de tout savourer, les étoiles du Luberon et les Pyrénées… Le film défile sur le miroir du Danube que je remonte lentement, jusqu'à Bratislava.

L'ancienne Presbourg autrichienne a le charme d'une capitale de province d'empire. Dans un concentré d'Autriche-Hongrie, ses façades colorées rappellent Budapest ou Lviv et le baroque des immeubles annonce Vienne. Le charme donc, et la taille. Le centre-ville se limite à quelques jolies rues que les passants arpentent un cornet de glace à la main car il fait chaud en ce premier jour de mai. Même la cathédrale Saint-Martin, dont la couronne d'or au sommet du clocher vient rappeler qu'elle a sacré pléthore de rois magyars, n'ombrage pas le château qui la surplombe, l'air de dire que si Dieu veille les hommes, ces derniers le gardent saint et sauf.

Comme d'autres pays des environs, la Slovaquie est une enclave que sa jeunesse veut quitter. Ainsi de Filip, le concierge de mon auberge de jeunesse, et de l'essentiel de ses camarades de lycée. Il parle un anglais parfait et vient de fêter ses vingt ans. Pour lui, ce sera la faculté de physique de Copenhague ou celle d'économie à Vienne. Pas optimiste pour un sou devant la polarisation croissante de son pays, sans cesse tiraillé par de vieux démons nationalistes nostalgiques des Soviets et dont l'œil louche vers Moscou, il voit en l'Europe une planche de salut.

— Il est temps que nous devenions une superpuissance, pour lutter en égaux avec les États-Unis et la Chine... et tenir la Russie à bonne distance.

Une musique reprise au bas des grandes tours grises de l'université, où du rock chrétien chante les louanges de Jésus, pendant que je palabre avec Samuel. D'origine indienne – son père est né sur les rives du Gange, en Uttar Pradesh –, ses racines sont en Slovaquie. La guerre est à une frontière d'ici, et dans son esprit, l'Ukraine se bat pour une certaine idée de la civilisation européenne – libre, égalitaire et démocratique –, tandis que dans les tranchées de l'Est se joue aussi une partie de la défense du continent.

— La frontière slovaque est beaucoup plus sûre avec l'Ukraine comme voisine plutôt que la Russie. Dorénavant, il faut que l'Union européenne se protège réellement de Poutine et de la Chine.

Au moment de quitter Bratislava, l'Eurovélo 6 croise la 13 et la piste s'engouffre dans une forêt qui tient lieu de musée. Des bunkers construits par les nazis, puis utilisés par les Soviétiques jusqu'à l'été 1989, jalonnent le parcours. Quelques mètres de barbelés rouillés plantés là, au milieu des arbres, rappellent qu'un rideau a séparé les peuples européens pendant quarante longues années. La visite se termine devant l'ancien poste de douane et sa guérite à l'abandon depuis l'élargissement de 2004. En l'espace de quelques kilomètres, je remonte ainsi plus d'un demi-siècle d'histoire du continent. Le bunker, le rideau et la guérite. Trois artifices d'un autre temps, de l'Europe d'avant.

Arrivée en Autriche. La nuit et la pluie tombent lentement. Un lièvre farceur rejoue avec moi la fable de La Fontaine et seule une traînée de poussière me permet de le suivre du regard à travers un vaste champ tout juste labouré. Peut-être rejoint-il à l'autre bout de la lande sa fidèle tortue ?

Il fait noir désormais. J'établis mon campement non loin d'un château, sur un carré de pelouse au bord de l'eau ; l'averse, elle, se prolonge jusque tard dans la soirée.

3 mai

Enfin le son d'une langue qui m'est familière, du moins dans ses rudiments. Aussi je donne du *Guten tag*, *Danke schön*, *ja bitte*, *Auf Wiedersehen* et autre *Sprichst du Englisch oder Französisch ?* à qui veut l'entendre. D'autant plus que le soleil brille, qu'un petit jour seulement me sépare de mon amoureuse, et que je découvre l'Autriche pour la première fois. Bref, je suis en joie.

Première étape après la frontière, Hainburg an der Donau a tout de l'image d'Épinal du village autrichien. Château fort haut perché, jolies maisons jaunes, roses et vert amande, splendide fontaine accolée à une belle église et son clocher à bulbe, immenses portes médiévales à herse, et surtout, tout est écrit en style gothique. Une vraie carte postale.

La piste menant à Vienne forme de longues lignes droites au milieu du parc national de Donau-Auen, jusqu'à tomber sur la *Napoleon Rundwanderweg*, à l'orée d'Essling. Les 21 et 22 mai 1809, à l'issue de sanglants combats, Napoléon perdait là sa première bataille sur le sol européen. Dix mille âmes rayées de la carte du monde en deux jours. Deux mois plus tard, la plaine de Wagram, quinze kilomètres plus au nord, en engloutissait cinquante mille autres en autant de temps.

Il y a bien longtemps que les canons ont cédé la place aux oiseaux. Au milieu de la forêt, un champ d'herbes hautes et bien vertes donne un excellent matelas. Lune bientôt pleine dans un ciel vierge. Je regarde ce champ et ces arbres, pendant un long moment, et songe à tous ces jeunes soldats ici massacrés. Rêves d'empire, cauchemars de grognards.

4 mai

« *Hallo. Wald patrouillieren. Campieren verboten hier.* » J'avais joué et j'avais perdu. J'avais décidé d'ignorer le panneau à l'entrée du parc national et me faisais rattraper par la *patrouillieren* – fort sympathique au demeurant – en ce *guten morgen.* Mon vélo et mon foulard scout plaident pour moi : entre le voyageur et le gardien du temple s'instaure un tacite entendement. L'épaisse rosée perle encore sur ma tente ; je profite de la matinée pour la faire sécher et lire au soleil. J'ai tout mon temps, Marie n'atteindra Vienne qu'en début de soirée.

J'entre dans « la ville des rêves » comme on rejoint une danse, léger. Dans la majesté et l'opulence des Habsbourg, tant de faste, de richesse et d'élégance à la moindre avenue. Vienne est une capitale de palais. Même le Prater en est un, plus vieux parc d'attractions au monde et terre de loisirs populaires où l'on s'envoie en l'air, au sommet des manèges, pour voir la cité s'étendre avant de se coucher.

Dans quelques heures, *elle* sera enfin là.

Le train rouge arrive avec une demi-heure de retard, comme si la séparation pouvait souffrir ces minutes supplémentaires sans hâte ni amertume. Sur le quai, un souffle, une étreinte, un baiser.

De la musique. Pour célébrer le printemps enfin lancé. Du swing dans les rues et du blues dans les cafés. Subtil *melange* dont Vienne détient le secret. *Idem* pour son chocolat chaud à la crème fouettée, création des garçons cochers d'antan échaudés par la rudesse de l'hiver. Odeur de crottin dans l'air dans un concert de fers à cheval martelant la chaussée.

Devant le Burgtheater si cher à Stefan Zweig, un tramway passe, drapeaux viennois et européen au vent. En ce 9 mai, du sanctuaire de Beethoven monte une symphonie, au-dessus de la voûte étoilée ; son mouvement résonne de Finisterre à Athènes, fille de l'Élysée et *Ode à la joie* de peuples désormais liés[1].

---

1. L'*Ode à la joie*, hymne européen depuis 1985, est tirée de la 9e symphonie de Beethoven, elle-même inspirée d'un poème de Friedrich von Schiller.

10 mai

Ultimes instants au bord du Danube, rive droite. Malgré la joie des cris d'enfants – j'avais campé à côté du club de sport de Höflein an der Donau –, ce réveil manque de saveur. Ou plutôt, règne un vide, épais et solitaire. Hier, Marie est partie pour l'Italie.

Je traverse le fleuve une dernière fois, puis des villages où l'on s'attable aux terrasses de tavernes en bois pour déjeuner sur d'épaisses nappes à carreaux rouge et blanc. Tout ici est coloré. Les maisons fardées de rose, de vert ou de bleu pastel ; les voitures de collection, de vieilles Opel Kapitän et des *Deudeuches* de chez Citroën, bizarrement toutes jaune et rouge ; et puis les fleurs.

Mes genoux continuent de me faire souffrir. La douleur, née en Slovaquie une dizaine de jours auparavant sur ces interminables lignes droites battues par les vents, ne me quitte plus. Pour une fois, un allié aussi imprévu que bienvenu se trouve de mon côté. Enfin, dans mon dos plus exactement. Un bon vent de sud-est qui agite les éoliennes autant qu'il souffle dans mes voiles. Je le bénis. Il m'emportera loin. Jusqu'au Waldviertel et ses vallons de vignes au creux desquels viennent se nicher d'autres villages, parfois arpentés par un couple de cavaliers à l'embonpoint enjoué.

— C'est vous qui faites ce vin ?

— Non mais il aime le boire ! me répond sa femme d'un rire aussi gouleyant que ces vins blancs qui arrosent les fins de messe des environs.

Avec son cartable d'étudiante, Juliane semble encore trop frêle pour les beuveries dominicales de Röschitz. Et puis l'Église, c'est pas vraiment son truc. Trop conservatrice, trop restrictive à son goût, comme ces campagnes du nord de l'Autriche où l'ultra-nationalisme du FPÖ[1] s'affiche sans complexe sur les murs et dans les discours.

— J'ai peur que ce pays bascule. L'extrême droite se renforce partout en blâmant le moindre problème sur le dos des immigrés. Et puis leurs

1. Parti de la liberté d'Autriche, fondé en 1956 par d'anciens nazis et allié du Rassemblement national au Parlement européen.

discours climato-sceptiques me terrifient. La démocratie autrichienne paraît bien fragile… Il faut la protéger !

Si l'Allemagne reste hantée par le spectre du nazisme, l'Autriche de l'après-guerre, elle, n'a jamais affronté cette part honteuse de son histoire. Beaucoup pensent qu'elle aurait été la première victime du Troisième Reich, en 1938. Comme si l'austro-fascisme du chancelier Dollfuss n'avait jamais existé. Comme si les foules immenses et déchaînées acclamant Hitler sur la route de Vienne s'étaient envolées. Comme si l'*Anschluss* n'avait pas été plébiscité. Comme si la Nuit de cristal n'avait pas jonché le pavé viennois de ses atrocités. Comme si les forçats de Mauthausen n'avaient pas été exterminés. Comme si, comme si… Comme si le Vieux Continent était frappé d'amnésie.

11 mai

Les vignes ont éveillé ma curiosité. Guidé par une conscience professionnelle à toute épreuve, je prends la direction du bourg accroché à la colline opposée, en quête d'un quelconque débit de boissons. Comme dans la plupart des patelins d'Europe, on le trouve sur la place de l'église dont les cloches annoncent midi. Pour mon dernier déjeuner en Autriche, je sacrifie aux coutumes locales et commande une Schnitzel, en sus de mon verre de Grüner Veltliner. Un choix judicieux puisque non pas une mais deux énormes escalopes panées me sont servies, de quoi me lester suffisamment pour gravir le col en sortie du village, le premier depuis mes pérégrinations dans les Carpates. Une montée douloureuse.

Pluie de pollen. Le chemin jusqu'à la République tchèque serpente à travers les champs sur de minuscules routes de campagne, goudronnées ou en gravier. Un paradis pour cyclistes. Je rejoins l'Eurovélo 13, celle du rideau de fer, à deux pas de la frontière. Dans ce paysage jauni par le colza, dépassent çà et là des bunkers, vestiges du système de fortifications construit par les Tchèques à partir de 1936 pour se protéger de l'Allemagne nazie et de ses alliés hongrois et autrichiens, avant de servir de miradors à l'URSS du temps du pacte de Varsovie.

En une génération, le rideau s'est paré de fleurs et la guerre a sombré dans l'oubli. Jusqu'au 24 février 2022. Je repense à Vienne, à mes conversations avec ces enfants de la paix, nés au tournant du troisième millénaire, pour qui ce jour a marqué la fin de l'innocence. Je revois Hélène qui m'attend, rangée sur l'une des chaises si parfaitement alignées avec les haies du Volksgarten, jardin à la française posé sur le Ring. Je l'avais rencontrée chez le maraîcher, le jour de mon arrivée dans la capitale autrichienne, en plein questionnement existentiel sur la provenance des pommes. Autour de ses oreilles et de ses doigts scintillent des bijoux de sa création, un passe-temps hérité de sa mère, artiste de profession, devenu sa passion dans la solitude des confinements. Face au Parlement couronné de quadriges ailés, étonnants symboles martiaux dans une ville célèbre pour sa neutralité, elle disserte sur le privilège. D'être née en Autriche, pays riche et tranquille où la santé reste accessible. De vivre sans manquer de rien, c'est-à-dire avec l'essentiel, même si la fin du mois se fait maigre, parfois, tandis que d'autres, tant d'autres, semblent condamnés à errer dans la pauvreté des bidonvilles de Dhaka ou de Colombo. Elle s'y est rendue, elle, dans l'ancienne Ceylan britannique, comme elle a parcouru le Cambodge et le Vietnam, ces pays que l'on appelait autrefois Indochine, joyaux d'empires voraces et insolents. Elle a eu cette chance-là. Puis elle a traversé l'Europe, en train, ce grand espace sans frontières où elle se sent chez elle, sans trop savoir pourquoi, car « *sometimes, you have a feeling but you cannot really explain it* ». Parfois, c'est aussi simple que ça. Ce privilège, il a fini par lui sauter aux yeux l'an dernier, au matin du 24 février.

— J'avais bien sûr discuté avec mes grands-parents, écouté leurs récits de jeunesse quand, au sortir de la Seconde Guerre mondiale, ils n'avaient plus rien à manger dans une Autriche dévastée. Mais tout ceci paraissait tellement lointain, tellement dépassé. Il est si difficile de comprendre cette réalité sans l'avoir tutoyée.

Slavonice. Petite ville aux rues pavées dont la grande place d'aspect médiéval m'évoque spontanément celle de Banska Bystrica, en Slovaquie, que j'ai traversée avant de grimper vers Sekier. Dans ses bars trône encore le portrait de Václav Havel, dramaturge de l'indépendance élu à la présidence d'une Tchécoslovaquie dont les années étaient comptées, à son grand désespoir, tandis qu'au-dehors tourbillonnent les hirondelles.

Au milieu des bunkers, sur les hauteurs de la ville, des cris d'animaux résonnent. Je me sens vulnérable, intensément humain, poussière d'une espèce parmi d'autres. Que j'aime ces nuits en forêt.

12 mai

La route s'enfonce, calme et mystérieuse, dans les grandes forêts de Moravie puis de Bohême. Partout des épicéas fleurant bon la Noël, de la mousse et quelques hêtres dont le vert tendre et intense confère à cet ensemble une ambiance quasi mystique. Partout l'écho du vent ondulant la cime des arbres, la causerie des oiseaux, le bruit sourd des pommes qui tombent des pins sur un tapis d'épines. Je prends mon temps, peut-être parce qu'entre deux étendues de forêt gisent d'immenses cimetières. Jamais n'en ai-je vu d'aussi grands ; les bûcherons s'en sont donné à cœur joie. On dirait Caen ou Le Havre dévastées à la Libération, Colleville-sur-Mer et sa nécropole militaire. Chaque souche symbolise une tombe, avec la même épitaphe : Picea Abies, quarante-cinq ans, être vivant et puits de carbone, transformé en ressource marchande, sacrifié sur l'autel du consumérisme.

Déjeuner sous le porche de l'église de Kunžak, pour me protéger de la pluie. Comme souvent lorsqu'il fait froid, mon talon droit se rigidifie, signe que j'ai besoin de chaleur. Par chance, la *penzion* du coin de la rue est ouverte. Belle demeure de pierre aux fenêtres ceintes de bleu. Un *azzurro napoli*. Le patron, Vincenzo, la quarantaine trapue et souriante, a grandi sur l'île d'Ischia, face au Vésuve, et depuis une semaine il célèbre jusque tard dans la nuit le troisième *Scudetto* de son équipe. Le premier depuis 1990, mon année de naissance. Étrange coïncidence. Son arrière-grand-père avait servi dans la Légion étrangère, quelque part en Afrique, et comme lui et tant d'autres Italiens de ce Mezzogiorno où le chômage et la mafia sont devenus rois en lieu et place des Bourbon-Siciles, il a pris le chemin de l'exil.

— L'euro a tout rendu plus cher. À la fin des années 2000, avec la crise financière puis l'austérité, c'était devenu impossible de rester en Italie. Je me suis résolu à partir.

Le pays de Galles, l'Allemagne, avant de rêver à la Nouvelle-Zélande et d'atterrir en République tchèque. Un coup du sort et du cœur joué par une amoureuse venue de Bohême. Son restaurant, il le tient depuis quatorze ans et désespère depuis autant de temps de ses clients incapables d'apprécier sa *pasta al dente*.

— Ils se plaignent que les pâtes sont trop dures, *imbecilli.*

Il m'offre le thé, servi par une réfugiée ukrainienne qu'il a embauchée voilà un an. C'est sa contribution à l'effort de guerre. « *Ciao Vincenzo e grazie per tutto.* »

Je reprends la route, malgré la pluie. À dire vrai, j'aime cette pluie fine, cette bonne pluie de printemps, fraîche et nourricière des sols et de la terre. Des lacs, beaucoup de lacs. De vieilles maisons formant de vieux villages. La nuit approche, il est temps de trouver une forêt.

13 mai

Des coups de fusil en guise de sonnerie. Pour un réveil, c'est brutal. Un stand de tir doit se trouver à proximité. La surprise passée, je pense à Lena, Sander et Jagoda, à tous ces jeunes qui m'ont confié leur chance de s'en aller à l'école ou à l'université sans peur de périr dans une tuerie de masse. L'Amérique ne fait plus rêver.

Peu de temps après avoir retrouvé la route, je suis stoppé net par un énorme tractopelle au chevet d'un pont effondré. « *¿ Hablas español ?* », me demande l'un des ouvriers avec un fort accent tchèque, comprenant vite qu'une conversation dans sa langue s'avère inutile. « *Un poco, un poco. Quiero ir al otro lado. Es posible ?* » D'un hochement de tête, l'affaire est conclue, l'engin pivoté, et j'ai tout le loisir de pousser le mien sur la fine bande de boue qui me sépare du ravin. Umberto Eco disait que « la langue de l'Europe, c'est la traduction ». Ce matin, elle jette des ponts, d'une rive à l'autre, d'un homme à l'autre.

Au milieu des cerisiers en fleur, je m'interroge : ai-je gagné du temps par rapport à la déviation que j'aurais dû emprunter s'ils ne m'avaient pas laissé passer ? Peu importe. Est-ce cela que je retiendrai à la fin du printemps ? En voyage à vélo, le temps s'écoule différemment, il se mesure plutôt dans l'espace. Deux jours à Lviv, quatre entre Budapest et Bratislava, six de Vienne à Prague… Le soleil se déplace sur une carte plutôt que sur le cadran d'une montre. Il arrive parfois que d'autres cyclos s'enquièrent de mon kilométrage quotidien. « Entre vingt et cent, ça dépend. » Sur les pédales, seuls comptent les rencontres, les contemplations, la sueur, cette douche enfin chaude, le casse-croûte du midi, le choix du spot pour la nuit, la brise qui porte ou déporte, et le soleil à l'horizon. Seul compte le voyage.

Du temps, j'en ai puisque je n'arriverai à Prague que le lendemain. À trente bornes de la capitale, je me hisse à la force des mollets sur une colline escarpée comme d'autres descendent à l'hôtel, et déballe ma chambre devant un parterre de muguets sauvages.

Mon mentor en journalisme, Pascal Verdeau, correspondant historique de l'audiovisuel public français à Bruxelles, disait de notre métier qu'il « est la passion de comprendre l'Homme et de donner du sens au monde ». Alors voilà, avec ce voyage, avec ce livre, je tente de donner à voir le monde, depuis le mien. Je songe à ce privilège dont m'ont spontanément parlé bon nombre de jeunes que j'ai rencontrés jusqu'à présent, celui d'être nés en Europe, sur un continent en paix. Le mien a aussi été de grandir dans une famille où l'argent n'est pas souvent un sujet, d'être un homme et d'être blanc. J'ai eu un joli toit, des vacances heureuses, une belle éducation au lycée du coin. J'ai eu la liberté de faire des choix. Mes choix. D'aller gagner mon argent de poche dans la restauration en parallèle de mes études. De partir à l'autre bout du monde à dix-huit ans, à Melbourne, et de rouler ma bosse in the Land Down Under.

En retraçant le fil de ma vie, je me promène dans mes voyages. L'Australie, la Nouvelle-Zélande, le Cameroun, et puis tous les autres, plus près, en France ou en Europe. Mon sac sur le dos ou à vélo, toujours partagés avec les gens que j'aime le plus au monde. Ils sont mon *monde. En pensant à tout cela, je me dis que la liberté, au-delà de l'émancipation, c'est ce chemin qui mène à la lumière des liens. C'est en ça que le rêve européen*[1] *est séduisant : la force des liens. Loin de la quête individualiste de la liberté à l'américaine, son obsession de la propriété privée et sa glorification de l'argent, ce rêve amène à reconnaître l'Autre comme une source de bonheur, comme une richesse, et à proposer une nouvelle façon d'être au monde : fier de ses héritages, conscient de ses tragédies, riche de ses alliances.*

Nos modèles d'États-providence continentaux en sont l'incarnation collective. Pourtant, ils peinent à

1. Jeremy Rifkin, *Le Rêve européen*, Fayard, 2005.

assurer la pleine solidarité du corps social, usés par quarante années de cancer néolibéral. Alors, juché au sommet de cette colline, à l'heure où le soleil disparaît tranquillement, je me prends à rêver. D'une Ukraine et d'une Europe de nouveau en paix. D'une Union européenne qui fera de la Fraternité, cette valeur qui illustre probablement le mieux la Liberté puisqu'elle marie l'Égalité, sa nouvelle raison d'être. Qui s'assurera que chaque citoyen puisse jouir de sa vie. Et cela commence par régénérer notre rapport au vivant. Nous en faisons partie, nous aussi.

14 mai

Un peu avant midi, Morgan m'accueille d'humeur légère. Un an qu'on ne s'est pas vus, depuis un mariage en Anjou. Je vivrai quatre jours durant dans sa colocation de Vinohrady, la colline aux vignobles, sorte d'auberge espagnole du centre de l'Europe. À court de visiteurs depuis la pandémie, elle prend plaisir à me faire découvrir cette ville qui l'a adoptée dix ans auparavant, elle la native de Floride. Elle a appris sa langue, épousé ses bars, sa bière et sa cuisine, aimé cette vie qui lui permet de rallier d'un train les capitales du coin, bref, elle s'est fondue dans la cité aux toits rouges rétive aux dominations étrangères, qu'elles viennent du Vatican, d'empereurs viennois ou des maîtres du Kremlin.

— Les Tchèques ne le diront jamais de manière explicite, mais la plupart rêvent d'être considérés comme des Occidentaux, bien qu'ils idéalisent leur folklore. À la différence des Polonais ou des Hongrois, aux identités nationales plus affûtées.

L'écouter parler de cette Europe centrale qu'elle connaît si bien à force de l'arpenter m'évoque Milan Kundera et son *Occident kidnappé*[1] lors de la conférence de Yalta, compromis sur le partage de l'Europe d'après-guerre aux allures de compromissions.

Balade dans le Prague médiéval. Sur la Tour poudrière, ancienne porte de la ville dont le gothique flamboie de noir, des reflets dorés. Un voyage commence, dans l'humeur des siècles. Des marchands poussent de lourds chariots, passent sous le porche, avant de plonger dans des ruelles où l'on entend les chevaux hennir, les enfants galoper, où l'on renifle des pestilences en tout genre, aujourd'hui

1. Milan Kundera, *Un Occident kidnappé, ou la Tragédie de l'Europe centrale*, Gallimard, 2021 [1983].

remplacées par les effluves sucrés des échoppes à touristes.

Au sous-sol d'un immeuble moderne, une cantine subventionnée, comme à Cracovie. Son charme à elle est toutefois moins évident. On la croirait sortie du formol des années 1970. Le Prague populaire des cols bleus et des retraités y mange de bonne grâce du goulasch et des koláče à la framboise sur des plateaux gris posés sur des tables marron entourées de murs jaunis. Certains lisent le journal. Je déjeune face à un vieux monsieur très souriant dans un bruit constant de soufflerie.

Prague au printemps : parcs, collines boisées, musées et terrasses. Mais c'est le souvenir d'un printemps jamais passé, celui d'un espoir piétiné par les chars de l'Armée rouge, qui teinte la ville de bleu et de jaune. Par milliers, les drapeaux ukrainiens flottent aux balcons et habillent mairies, théâtres, statues et autres bâtiments publics. Sur l'avenue Vinohradska balayée par les bourrasques du XXe siècle, on a appris à se méfier de la Russie et du chiffre 8 : le huit des années trente, quand les accords de Munich, paraphés par Chamberlain et Daladier, ont démembré le pays pour l'offrir aux nazis ; celui des années quarante lorsque les communistes tchèques se sont emparés du pouvoir et ont enfermé la Tchécoslovaquie dans le glacis stalinien ; l'année 1968, enfin, quand les jeunesses du monde avaient soif de révolutions et la promesse de Dubček d'un « socialisme à visage humain » a été torpillée au cours d'une nuit d'été.

La mémoire de ces traumatismes, consciencieusement transmise aux jeunes générations, brûle d'un feu encore vif.

— Les Tchèques sont très fiers de leur histoire, au carrefour de l'Europe, de ses empires, de ses croyances et, tristement, de ses guerres. Beaucoup détestent la Russie. Ce n'est pas mon cas. Mais on sait pertinemment ce qu'ils nous ont infligé, et c'est pour ça qu'il y a un aussi grand soutien à l'Ukraine, car sa défaite serait une catastrophe pour toute l'Europe. *Munich*[1] et

1. Avec les accords de Munich, signés le 30 septembre 1938, la France et le Royaume-Uni actent le démembrement de la première République tchécoslovaque en

Yalta[1] ont marqué ce pays au fer rouge. Ce que l'on aimerait, dans l'idéal, c'est vivre comme les hobbits de la comté : boire notre bière, manger notre boustifaille et fumer notre herbe, au calme.

Sous ses airs débonnaires de Samwise Gamgee, Matěj incarne cette jeunesse pragoise résolument tournée vers l'Europe, avide de voyages et de rencontres, pour qui une autre date, récente et heureuse celle-là, a signé le retour d'une longue captivité. C'était le 1er mai 2004.

Coucher de soleil vanillé sur le château, mosaïque de cathédrale, de palais et ruelle d'or. Sur la Vltava, le pont Charles s'apparente au pont Neuf, en plus féérique, en plus majestueux. Des marronniers d'Inde ceinturent l'île des Archers, et dans le lointain retentissent des chants grégoriens venus du fond des âges. Je découvre Prague pour la première fois mais je

---

autorisant l'annexion des régions où vivent les Sudètes (minorité germanophone) par le Troisième Reich nazi.

1. La conférence de Yalta, en février 1945, entérine le partage de l'Europe d'après-guerre en sphères d'influence entre le Royaume-Uni et les États-Unis d'une part, et l'URSS d'autre part.

ressens une émotion familière, éclairs de Paris, Rome, Cracovie, Tallinn ou Budapest, de la beauté de ces cités sculptées par le génie humain et les rivières du temps.

Morgan a réservé une table dans un bar de son quartier car ce soir, c'est son anniversaire. Après plusieurs pintes, deux de ses amis nous rejoignent. Ils viennent d'Éthiopie mais vivent là depuis longtemps. L'un d'eux, chirurgien à l'hôpital public, est même marié à une Tchèque avec qui il a eu deux enfants. On finit par causer de l'Ukraine, du Soudan et du Tigré, des guerres d'ici et d'ailleurs, de cette saloperie sans antidote. Puis la sentence fuse, dure mais implacable :

— On s'en tape de votre guerre ! Ça fait soixante ans que l'Afrique est meurtrie par les conflits et que vous détournez le regard. Aujourd'hui, c'est votre tour.

Avant de prendre le bus, de foncer vers Francfort et cette Europe que je connais bien, à l'ouest, détour inattendu dans la cuisine de Morgan par une marche orientale : Chypre. Polina a débarqué de Limassol voilà sept ans, pour un Érasmus dont elle n'est jamais repartie. Si la vie sur les plages de la Méditerranée lui était douce, sa condition d'ilienne lui a donné le goût du large ; à force d'admirer la mer, on finit par embrasser sa promesse d'infini. De son pays, elle conserve toutefois la nostalgie de sa famille et du halloumi, *la* grande fierté nationale, au-delà de l'acrimonie entre Chypriotes grecs et turcs. Depuis 1974 et l'occupation par la Turquie de la partie nord de l'île, une « ligne verte » divise l'antique Alachia, jadis si prisée des Égyptiens pour ses gisements de cuivre, et dont seul le Sud a rejoint l'Union européenne en 2004.

— Venant d'un pays en partie occupé, le fait d'être citoyenne européenne me procure un grand sentiment de sécurité. Malgré cela, l'avenir me fait peur. Le changement climatique, la pandémie, la guerre d'Ukraine, la montée en puissance de l'intelligence artificielle… Tout cela est si angoissant… Je ne veux pas avoir d'enfants dans ce monde-là.

Gare routière de Nuremberg, la nuit : « *Bitte motoren abstellen* ».

L'aube se lève à peine quand le bus pénètre dans Francfort. Il me reste deux heures avant de retrouver Maxime et Timothée – surnoms respectifs : Maxdown et Titus. Virée dans la capitale financière de l'Allemagne, à l'heure où la nuit habite encore un peu le jour, avec son cortège de drames, d'excès et de folie. Dans le quartier des banques centrales, vagabonds et déchets se répandent dans les rues et tordent le cou à bien des clichés, jusqu'à ce qu'éboueurs et cols blancs maquillent de nouveau la ville. Au bord du Main, sous les marronniers en fleur, les canards jouent à se quereller.

Quand on part en voyage, on vit sa vie autant qu'on la laisse derrière soi. Jusqu'aux retrouvailles. Règne enfin l'harmonie. À chaque fois que notre trio reprend la route s'installe un rituel immuable. Déjà, le sourire d'être là, de se réunir après de longues semaines ou de longs mois séparés, avant que les premiers rires ne résonnent. Puis Titus, soudain concentré, se plonge une dernière fois dans l'itinéraire, à la recherche du meilleur rapport de buvettes au kilomètre, et d'un coup de pédale, nous quittons Francfort escortés par une colonie de canards « en sortie scolaire » – ce sont les mots de Maxime.

Cavalant au sommet des digues, on s'amuse de ces Allemands en goguette tractant sur les pistes cyclables de petits chariots en bois au fond desquels tintent bières et musique techno. Ils ont l'air de passer du bon temps, dans l'insouciance de ce long week-end de mai. Nous ne faisons pas exception. Rarement me suis-je senti aussi libre qu'à cette allure, entouré de mes compagnons d'aventure. Mes seuls freins sont désormais ceux du vélo.

Un ferry sur le Rhin. Je prends le bateau pour la première fois du voyage, et avec Titus et Maxdown en tête de pont, je replonge dans notre traversée des îles écossaises, six ans auparavant. Souvenirs pluvieux de moments heureux.

L'Allemagne regorge de jardins. Mais dans ces closeries, il est vain de chercher de petits potagers comme en Pologne ou en Ukraine. La spécialité locale, c'est le *biergarten*. Le Rhin s'en drape comme autant d'îlots de plaisirs maltés pour randonneurs matés par le soleil. Au loin, les vignes. Un Allemand à la moustache blanche et au français châtié nous conte les mérites de ces vins blancs aux consonances familières – Riesling, Gewurztraminer, et autre Pinot gris. L'Alsace est à deux jours de route mais déjà ses cépages annoncent la couleur : bientôt, le retour en France.

Derrière la plage où nous sommes installés, le crépuscule allume un verger. Sylus, un ancien *Royal Marine* de quelques années notre cadet, se joint à nous. Parti de Manchester, il doit rallier Istanbul en moins de trois mois, avant que son visa n'expire. « *Bloody Brexit* », se lamente-t-il en avalant sa gamelle. Un peu de réconfort dans le silence rieur de la nuit : Maxime, c'est sa coutume, a décidé de faire des mimes. Au-delà des vagues, les cloches sonnent minuit.

Je m'endors profondément heureux... et me réveille les pieds dans l'eau. Le Rhin est monté. Pas de beaucoup, d'une main à peu près, mais suffisamment pour que le bas de ma tente ressemble à la proue d'un navire. Sylus, rodé aux dangers des marées grâce à son passé de sous-marinier, a largué les amarres depuis longtemps. Maxdown, installé un peu plus haut, dort encore tandis que Timothée patiente. C'est sa coutume à lui.

— Quand on voyage ainsi, j'ai tout de même tendance à beaucoup vous attendre.

— Certes. Et puis on se met à pédaler et là les rôles s'inversent.

Pauvre Titus.

Worms. La ville où Martin Luther a été mis au ban du Saint-Empire ne vaut pas particulièrement le léger détour qui nous a menés en son centre. Pourtant, c'est à l'ombre de ses murs que Charles Quint le catholique s'est dressé face aux *95 thèses* qui ont sonné la révolte des protestants contre les dogmes du Vatican. Jusqu'à embraser l'Europe, dans la folie des guerres de Religion. La guerre, toujours elle. Pour un dieu, les honneurs ou une terre.

L'Eurovélo 15, celle du Rhin, fend d'immenses zones industrielles alimentées par des centrales à charbon, un charbon convoyé sur de grandes barges qui semblent faire la course avec nous. Moteur thermique *versus* énergie mécanique. Poumon économique de l'Europe, l'axe rhénan se gave de roche noire pendant que la planète meurt de silicose.

Alors, en ce pays d'industrie et de chimie, en ce cœur brûlant de l'économie allemande, on se prend à rêver. De carrefours et de partages, d'une Europe intermodale et décarbonée, maillée de pistes cyclables, de trains abondants et abordables, d'avions surtaxés, de confluences et d'aventures. Avec Maxime et Timothée, nous sommes les enfants d'Érasmus, de *L'Auberge espagnole*[1] et de la monnaie unique, héritiers d'un cercle disparu de poètes aux réalisations concrètes. Seulement, tout cela reste bien souvent une affaire de privilégiés. À quand une Europe où chaque jeune, qu'importe sa condition ou son origine, franchira les portes de son pays pour éprouver d'autres cultures, d'autres langues et d'autres savoirs, d'autres façons de vivre le monde, et reviendra quelques mois plus tard, l'âme pleine d'idées neuves et d'amitiés

1. Film de Cédric Klapisch, sorti en 2002.

tissées, le cœur épris de cette devise : *Unis dans la diversité* ?

La saison des asperges bat son plein et les cueilleurs ploient sous le soleil. Des milliers de petites fleurs violettes pointent vers la France. Sur la piste, des cyclistes adeptes de la rigueur m'intiment de rentrer dans le rang dès que j'ai le malheur de m'en éloigner. On ne badine pas avec l'ordre des choses par ici. Pourtant, j'aime l'Allemagne et les Allemands comme on aime sa fratrie, d'un amour mémoriel forgé par les liens du sang. Nos deux pays n'ont eu de cesse, des siècles durant, de se faire la guerre, jusqu'à plonger l'Europe et le monde dans l'abîme par deux fois en vingt ans. Puis est venu le temps du pardon et de la réconciliation, le temps de la Communauté européenne du charbon et de l'acier, l'ancêtre de l'Union. Si les Français parlent de « couple » et les Allemands de « moteur » pour désigner l'attelage de nos deux nations, plutôt baroque au regard des tragédies passées, il est, depuis soixante-dix ans maintenant, le tandem indispensable à l'épanouissement de l'idée européenne, son incarnation même. De cela, nous pouvons être fiers.

Dans un coup de vent, l'odeur de l'eau, l'odeur du Rhin. En réalité, l'odeur de la France. Aucun panneau pour indiquer la frontière, seuls mes sens m'annoncent le pays de mon enfance. Deux mois que je suis parti, jour pour jour. Que l'Ukraine me semble loin désormais… À l'entrée de la première usine française – une gravière – flotte le drapeau arc-en-ciel tandis que sur la rive quelques bons vivants se gavent de fromage et de vin rouge.

N'est-ce pas ironique de manquer d'eau au bord d'un fleuve ? Il n'empêche, nos farfalle seraient restées bien sèches et nos estomacs bien vides sans Hermann et Christina et leurs énormes citernes d'eau ficelées à leur 4 × 4, héritage de leur traversée du Sahel. *Danke schön* et bon voyage.

Le Rhin n'est pas un long fleuve tranquille. D'abord il y a les barges, de longues barges qui voguent entre les berges, avec leur moteur ronflant sur des kilomètres. Et puis le pêcheur.

Espèce au réveil fort matinal, il a ses habitudes, ses copains et son coin – au centimètre près, apparemment –, c'est-à-dire, sur le pas de notre tente. Maxime, un tantinet grognon, voudrait qu'on leur « balance de la grosse techno plein leurs tronches ». C'est légitime.

Azur et plein cagnard. De belles maisons à colombages, murs bleus et volets jaunes. Sous les saules pleureurs, une longue péniche mouille dans un petit canal. En face, une plage à l'herbe bien verte plonge dans l'eau fraîche, et nous avec. Mais Timothée trépigne. Son fils lui manque. On plie serviettes et bagages, et pour une fois, il mène la troupe à pleine bourre à travers la forêt de la Robertsau, jusqu'à Strasbourg.

Fin du week-end, fin de l'escapade. Comme à chaque fois, ce même goût un peu amer, cette même mélancolie. Jusqu'à notre prochaine aventure, en Irlande ou en Italie. On se l'est promis.

22 mai

Journée administrative. Il en faut bien une. En voyage, on espère laisser derrière soi la bureaucratie, ses courriers, ses mots de passe, ses formalités en tout genre, son charabia technocratique et les coups de stress qu'il implique. Tout cela devient un lointain souvenir qui surgit au détour d'une contemplation sur une route de campagne pour s'évaporer dans la foulée. Mais l'administration est une machine réglée par des principes calendaires aux intérêts très budgétaires : c'est la période des déclarations d'impôt.

Je double cette course sur les sommets de l'*Administan* par une plongée abyssale dans la nomenclature de la douane tchèque qui tient en otage mes pauvres clefs d'antivol, oubliées à Vienne et envoyées chez Morgan, à Prague. Elles n'arriveront jamais. La paperasse en langue étrangère a eu raison de mon abnégation. Les administrations européennes savent, elles aussi, s'unir dans la diversité. Une journée géniale.

23 mai

Un peu moins d'un mois me sépare du terme de mon voyage et je ressens une légère tristesse d'usage, de celles qui saisissent le matin au réveil avant de se dissiper au gré d'une promenade. Paris est au bout de la ligne mais je refuse de décrocher ; l'aventure doit continuer, je n'ai aucune envie de rentrer. Dans la Petite France maillée de canaux et de colombages, les rues parlent aussi bien français qu'allemand et d'un bar s'échappent des paroles chantées qui ne me laissent pas indifférent :

Puisque vous partez en voyage
Puisque nous nous quittons ce soir
Mon cœur fait son apprentissage[1].

Le lendemain, j'irai à la gare.

Au pied de la cathédrale que les bombes américaines avaient éventrée à l'été 1944 résonne le

1. Mireille et Jean Nohain, *Puisque vous partez en voyage*, 1935.

serment de Koufra, quand Leclerc, pas encore général, pas encore maréchal, simple colonel dans les sables de la Cyrénaïque, jurait avec ses tirailleurs africains de ne se séparer qu'une fois Strasbourg libérée. Bakhmout, elle, est tombée hier, après plus d'un an de combats acharnés. Des ruines. Il ne reste que des ruines dans le plus grand cimetière du Donbass. Les Ukrainiens, eux, ont depuis longtemps fait le serment de Crimée.

C'est dans l'été d'un autre désert, en Algérie, qu'Elhame a eu envie de reprendre ses études, un peu déboussolée après une année de privations et de cours à distance, mue par le sentiment de passer au travers de sa vie à travers son écran, à la fois refuge et prison. Pas simple d'être jeune à l'heure du Covid, surtout quand on vit chez ses parents, dans un petit appartement, avec six frères et sœurs, prise dans un tourbillon qui balaie le monde. Elle est née ici, dans la capitale de l'Europe, et se plaît à se promener le long de la rivière, voile au vent, sur l'allée des Droits de l'Homme, siège de la Cour européenne du même nom. Elle aimerait juste que l'Union soit au rendez-vous quand il s'agit d'accueillir les réfugiés, naufragés des malheurs du monde résolus à l'exil, quelle que soit leur origine. En toute dignité.

Le soir, je retrouve une amie de vingt ans autour d'une bière. On s'était connus au temps des grandes manifs étudiantes contre la Chiraquie, drapeau du *Che* en main. Je lui raconte mon périple, elle me parle de ses grands-parents italiens, de son enfant qu'elle emmène jouer au jardin des Deux Rives, à cheval entre la France et l'Allemagne. Puis elle lâche :

— Je vais t'avouer une chose dont je ne suis pas fière… L'an dernier, au second tour de la présidentielle, j'ai voté Le Pen. J'avais tellement la rage. J'étais paumée, il fallait que ça sorte.

Je suis sous le choc. Pas elle, pas toi.

— Malheureusement, je me retrouvais plus dans le discours social du Rassemblement national que dans la politique libérale de Macron. Et puis, je savais qu'elle ne passerait pas.

Jusqu'au jour où… Elle change de sujet.

— Au fait, elle y croit, la jeunesse du continent, au rêve européen ?

24 mai

Le train s'échappe vers les Vosges du Nord et traverse des villages de pierre aux clochers de fer. Les forêts, elles, annoncent l'été. Leurs camaïeux de vert tirent de plus en plus sur le foncé dans un mouvement similaire à celui des jours qui n'en finissent plus de croquer la nuit.

Je file jusqu'à la Sarre le long d'une route ceinte de peupliers, aussi longue que l'accent du coin sait être traînant. Ce pays de hauts-fourneaux, que les caprices de l'Histoire ont fait tantôt français tantôt allemand, goûte la rouille.

Il fallait les entendre, ces gueulards où l'on jetait le minerai, avec leur fracas métallique et leur souffle sorti des tuyères, véritables forges de l'enfer desquelles ruisselait un magma doré : le fer de la révolution industrielle. Éteints dans l'Europe des années 1980, convertie aux dogmes du libre-échange et de la libre concurrence. Dilapidés, ces outils de production et de souveraineté qu'on n'en finit plus de regretter. Partis, ces emplois, en Asie, et avec eux la fierté de tout un peuple, celui des métallos, ces forçats du fer et de l'acier, fondue dans une amertume savamment courtisée par la peste brune.

Il en va à Herbitzheim comme des patelins alentour, on se retranche derrière les chimères de lignes identitaires qui sonnent comme autant de lignes imaginaires. Peut-être est-ce lié au souvenir de son barrage à vocation militaire, partie intégrante de la « ligne Maginot aquatique » qui visait à inonder la vallée en cas d'invasion allemande, et dont seul subsiste un bunker au pied duquel je passerai la soirée ? Plus sûrement à une nostalgie de la France d'antan, celle des Trente Glorieuses, dont Patrick, un natif du coin parti en Suisse gagner toute sa vie avant de revenir en son pays pour mieux le critiquer, me fait un long éloge dans l'embrasure du crépuscule. Sur la plaque commémorative du barrage est inscrit « À l'amitié franco-allemande ».

25 mai

Un grand soleil courbe les collines au creux desquelles se faufile la Sarre. Des cigognes et des hérons. Des nénuphars en processions. De petites barges en bois. À l'entrée de Sarreguemines, au pied d'une manufacture en ruine, des bateliers nettoient le fond de la rivière à l'aide de faucardeurs. On dirait des modèles réduits des grands *steamers* du Mississippi.

Je repasse en Allemagne comme je suis entré en France, sans panneau et sans m'en rendre compte. Seuls les promeneurs, dont les « bonjour » se muent lentement en « hallo », finissent par me mettre la puce à l'oreille. Le chemin de halage poursuit sa route au cœur de cette vallée qui sent le fer, littéralement. Les usines Saarstahl sont à deux pas.

Remonter la Sarre, c'est voyager dans cette Europe du charbon et de l'acier, autrefois si prospère et qui ne demande qu'à se réinventer. Les éoliennes s'agitent en lieu et place des cheminées d'usine et sur l'autre rive, une centrale thermique désaffectée pousse des hurlements métalliques : on y fabriquera bientôt de ces semi-conducteurs dont le XXIe siècle est si gourmand.

Le soleil étire le jour. Un banc m'invite à admirer le spectacle jusqu'à la venue de la lune. Les clochers environnants passent du rose au blanc. Deux grandes barges vides, *Colibri* et

Rasta, coulent leur vie au rythme de la rivière, paisiblement. Et moi, je danse. Avec des centaines de moucherons et de moustiques qui virevoltent. Dansez, mes amis, dansez. Vous êtes la biodiversité. Surtout, ne vous arrêtez jamais.

26 mai

Je quitte la Sarre sous la chaleur de mai et grimpe dans une forêt de conifères. Parenthèse ombragée. Dans un petit village perché, un vieux monsieur pousse un chariot de bois qui paraît aussi lourd que cette pente est raide. Il sue à grosses gouttes, nous partageons au moins cette peine. Les blés forment leurs épis d'été et les vignes courent des vallons que je dévale à toute vitesse, pressé d'arriver au Luxembourg. Que peut donc offrir ce paradis fiscal sans plages ni tropiques ? J'entre par un petit village dont le nom symbolise à lui seul la liberté de circuler sur le grand continent : Schengen.

À l'ombre des glycines, trois clochards au sourire goguenard écoutent de l'électro, comme pour signifier aux rares touristes de passage qu'ici aussi la misère ne connaît pas les frontières. Au Centre européen, les vitrines garnies de passeports et de képis douaniers rappellent aux quelques visiteurs présents que le 14 juin 1985, la France, l'Allemagne de l'Ouest et le Benelux abolissaient leurs frontières, quarante ans à peine après la fin de la Seconde Guerre mondiale. Et dans ce pays tant de fois envahi, situé au carrefour des ambitions territoriales de ses grands voisins, la guerre d'Ukraine et son flot de réfugiés ont réveillé des fantômes longtemps évanouis.

Dans la banlieue de Luxembourg, Dora, chevelure de jais et racines portugaises, profite de la douceur du printemps près d'un jardin d'enfants. Elle s'est mobilisée dès les premiers jours de l'invasion russe. Pour accueillir ces déracinés, les aider, les écouter. Et la guerre, autrefois inimaginable, s'est immiscée dans son univers.

— Ça m'a bouleversée... J'ai pris conscience de la proximité de cette tragédie. Et de notre fragilité. L'Europe doit continuer à s'unir car c'est dans les moments graves que la solidarité doit fonctionner.

Au Luxembourg, terre pétrie depuis longtemps par des cohortes d'ouvriers immigrés – allemands, français, maghrébins, italiens... –, on se sent intimement européen puisqu'on y apprécie peut-être mieux qu'ailleurs le goût des mélanges. Et de l'échange.

Les élections municipales approchent, ce qui, dans ce tout petit pays sans région ni canton, est une affaire sérieuse. La tête des candidats s'affiche à chaque coin de rue et dans les faubourgs de la capitale, un petit marché fournit l'occasion rêvée d'aborder le chaland. Le spectacle vaut le crochet. Succession de barnums et d'accolades, il règne un air de kermesse dans les rues de Strassen : un libéral salue une écolo qui sert un verre au chrétien-démocrate tandis qu'un socialiste curieux des programmes concurrents emplit son panier comme il ferait ses emplettes. Pol Faber, candidat sur la liste *Déi Gréng*[1], très curieux de mon périple, résume le sentiment ambiant.

— En France, dans votre système jacobin et monarchique, vous vous êtes accoutumés aux tensions, aux invectives. D'une certaine manière,

1. Les Verts.

les institutions façonnent les peuples. Ici, la règle, c'est le gouvernement par coalition. On sait pertinemment – et nos électeurs aussi – qu'au lendemain du scrutin, on devra faire un pas vers les autres partis, amender notre programme, et signer un contrat.

Finalement, n'est-ce point cela, *faire société* ?

À l'heure où les tracteurs s'en retournent à leurs hangars et les fermiers à leurs chaumières, je dresse ma tente le long de l'Eurovélo 5, ancienne voie de pèlerinage vers la ville éternelle, avec le bois de Clairefontaine en guise de chapelle. La Belgique s'étend à trente mètres à peine.

28 mai

Depuis mon départ de Strasbourg, je laisse traîner les réveils, cherchant à savourer chaque instant. La fin de ce grand voyage approche et je tente, par quelques vains subterfuges, de la repousser car j'ai le sentiment intime d'onduler dans mon élément. Le calme d'une forêt pour dormir, des paysages faits de pâturages dans lesquels vaches et taureaux paissent une herbe abondante et passent du bon temps, un petit ruisseau pour me rafraîchir et me décrasser. Le luxe d'une vie de vadrouille et de débrouille.

Mais la route, si jolie, m'appelle. Ses vallons constellés de prés, d'étangs, de champs de blé et de corons ont la saveur de l'enfance et j'y replonge volontiers à renfort d'effluves mêlés de foin, de fumier et de frites. Et toujours ce même plaisir de pédaler, d'avaler le bitume, de m'y frotter, de le sentir filer sous mes pieds, malgré cette douleur qui grippe mes genoux depuis la Slovaquie. Longues montées entrecoupées d'un faux-plat à l'ombre des bouleaux. Faut-il envoyer ou ralentir, profiter de l'accalmie pour avancer ou accueillir ce voile de fraîcheur ? Sur la droite, encore un ruisseau. Et si je m'arrêtais ? On dit *prendre le temps*, mais le temps ne prend que ce que l'on veut bien lui donner. Or seul sur mon vélo, je flâne, léger, au milieu de ses allées.

Au sommet d'une côte tranquille, un drapeau américain vole en souvenir des *GI's* tombés lors de la bataille des Ardennes, dans les brûlures de l'hiver 1944. *Lest we forget.* Embouteillage de voitures de collection en plein champ : aux beaux jours, plutôt rares par ici, des Belges fortunés ont fait de ces virées leur passe-temps. Un peu plus loin, un village joue aux quilles en pleine rue, avec clameurs et passion. Une ultime grimpée m'en fait bien baver, je suis vidé. Vivement rivière dans laquelle je pourrai bientôt plonger.

Sur une île de marguerites à la confluence de la Meuse et de la Lesse, je contemple le soleil faire lentement place aux étoiles, habitant ma solitude en liberté, délesté de cette peur longtemps éprouvée de ne savoir être présent avec mes pensées. Je me laisse aller au voyage. Je regarde vers l'ouest. Vers l'Écosse. J'y serai dans deux semaines.

30 mai

Sans vraiment le vouloir, par le hasard des retrouvailles et du voyage, j'ai fini par tisser un fil sinueux et invisible entre les quatre capitales de l'Union. Bruxelles en est l'ultime étape. La dernière fois que j'ai mis les pieds ici, c'était pour couvrir une réunion des ministres de l'OTAN. La guerre d'Ukraine n'était qu'à l'état d'hypothèse et, sept jours avant le déclenchement de l'invasion, tout ce que la capitale belge comptait de gens au fait des affaires du monde n'y croyait pas réellement. Poutine avait trop à perdre à se couper du marché européen, principal débouché de ses hydrocarbures. Péché de rationalité économique : non, le commerce n'a pas adouci les mœurs russes. De Tallinn à Prague, l'ex-bloc de l'Est avait pourtant prévenu.

Dans une friterie, poste d'observation de l'état du monde et des mœurs justement, un homme tatoué dit qu'il tuera sa femme si elle continue à renverser du Red Bull. Des motards évoquent leurs vacances à venir en Tunisie, dans un hôtel *all inclusive*, pour se rincer l'œil au bord de la piscine. RTL Info, 13 heures : des missiles se sont abattus sur Kyiv, des drones sur Moscou, et au Kosovo, des heurts entre Serbes et Albanais manquent de réveiller la poudre.

Bruxelles est, comme à son habitude, cosmopolite. Quoi de plus normal pour une ville quatre fois capitale[1] ? Mélange excentrique dont les Belges s'amusent avec cette autodérision cultivée comme le ferment de la nation. Dans un bar de Dansaert, le quartier des hipsters flamands, des soixantenaires habillés comme dans les vieux films belges, vestes en cuir, cravates et grosses lunettes, le ventre rond de bière, jouent aux cartes devant un serveur en culotte courte et queue de cheval.

Au détour d'une balade dans le quartier européen, vibrant la semaine, désert le week-end, je croise une eurodéputée libérale fraîchement rentrée d'une mission en Pologne. L'État de droit y serait menacé… Sur le parvis du Parlement, une jeune femme noire se prend en photo. Je lui propose mes services et l'on commence à bavarder. Elle a fui le Burundi quand elle avait deux ans pour trouver refuge en Belgique. Le Burundi, bien sûr que je connais ! Gaël Faye, *Petit Pays*[2]…

— Tu te souviens du président assassiné au début du livre ?

---

1. De la Belgique, de la Flandre, de la Fédération Wallonie/Bruxelles, et de l'Union européenne.
2. Gaël Faye, *Petit Pays*, Grasset, 2016.

— Oui, mais son nom m'échappe.

— Il s'appelait Melchior Ndadaye. Pour la première fois, le Burundi avait élu un président de façon démocratique. Lui le Hutu voulait unir la nation, donc il avait nommé une Première ministre Tutsi. Une femme pour diriger la politique du pays, c'était révolutionnaire. Il n'a pu gouverner que trois mois avant le coup d'État d'octobre 1993. C'était mon père.

Libertas énonce sa tragédie avec le calme des grandes brûlées de l'existence. L'exil belge, son installation dans un patelin en périphérie de Namur, les moqueries de ses camarades d'école car « on était les seuls Noirs du village ». Puis la vie s'est adoucie, grâce à la religion – c'est une fervente catholique – et aux études. Elle deviendra même secrétaire à la jeunesse du Centre démocrate humaniste, le parti centriste belge, dans les années 2010.

— Avant le Covid, je ne me posais pas la question, je me sentais pleinement européenne. Mais par le hasard des choses, je me trouvais au Burundi lorsque la pandémie a déferlé sur le monde et j'y suis restée plusieurs mois. J'ai alors réalisé que j'étais métissée culturellement. Bon, évidemment, ils ne savent pas cuire les frites et je n'ai pas le même degré de liberté qu'ici, mais j'ai justement envie de m'engager pour qu'elle existe là-bas. C'est pour ça que je lance une fondation en l'honneur de mon père. Il y a tant à faire.

À l'écouter, en Europe aussi, il reste à bâtir. Ou plutôt, à rebâtir, réparer, retisser, pour enfin cicatriser les blessures du passé.

— Les Européens doivent assumer le temps maudit des colonies et son lot de souffrances et d'injustices, trop souvent ignorées. Les tensions liées à l'immigration y trouvent en grande partie leurs racines. Il va nous falloir apprendre à gérer nos générations métissées.

C'est là le drame des filles et fils d'immigrés, d'être trop souvent renvoyés à la couleur de leur peau – « on me demande toujours d'où je viens », me dit-elle –, contrôlés au faciès ou de mauvaise foi, relégués par abandon en seconde division d'une citoyenneté qui n'a dès lors plus d'universelle que le nom.

Autre parvis, à Saint-Gilles. De vieux moustachus déambulent, l'arabe pendu à la langue sous des casquettes irlandaises, dans une fumée qui sent le poulet grillé à la jamaïcaine. C'est là que je retrouve mon cousin Alban – surnom : Banal.

Les arbres pleuvent au bord du lac, îlot de nature au milieu de la vaste conurbation qui court jusqu'à Anvers. Notre rituel est rodé à l'usage des années : d'abord trouver un spot calme avec un coin d'herbe pour la tente, si possible avec une jolie vue et de quoi suspendre un hamac ; ensuite sortir la citronnelle, préparer le dîner, et s'envoûter du soleil couchant. Ce soir, c'est le jackpot. Longtemps, j'ai poursuivi l'idée de le rejoindre dans sa ferme angevine et rêvé avec lui de permaculture et de circuits courts. Puis j'ai rencontré Marie et de nouveaux rêves ont surgi, ou ressurgi – à l'image de ce voyage. Ainsi va la vie.

« Une université. » Il le dit d'un espoir contrit, d'un souffle dans la nuit. « Un jour, j'aimerais ouvrir une université, comme à Totnes en Angleterre, où l'on enseigne une philosophie écologique du monde, les mains dans la terre, ancrées dans le vivant. » Comme toujours avec lui, il y a ce goût du partage – des connaissances, des richesses, de l'amitié. Qu'importe en réalité, tant qu'il se prend à créer. Au jeu des mains, il a toujours préféré la seconde à l'invisible, hissant en quelques années son entreprise au sommet du marché des ordinateurs reconditionnés.

En regagnant ma tente, je le vois bercé dans son hamac rouge, certain que ses rêves déborderont de poires, de cerises et de pêches cueillies en son verger.

2 juin

Anvers. Port de diamants et de trafics, capitale d'une Flandre qui souhaite s'affranchir de la Wallonie, où de fiers indépendantistes rayent le français des panneaux à la manière corse. Fin du voyage pour Alban ; au bout d'un jour à peine, ses affaires l'appellent. Mathilde – surnom : Doudou – prend le relais jusqu'à Rotterdam. Passage de cousin.e.

Concert de crapauds sur le ponton d'un lac du bout du monde, les Pays-Bas sur l'autre rive. L'oreille musicale de Doudou s'amuse des vocalises, percussions et autres basses de ces artistes batraciens. *Silence, ça enregistre.* Déjà, elle planche sur sa prochaine création sonore. Quand elle ne s'adonne pas à l'écriture d'un documentaire radio sur la machine à laver – cette « si merveilleuse invention » –, elle enseigne la physique-chimie dans un lycée bruxellois. Sur un air de Kropotkine[1], elle tente, entre deux expériences loufoques à la rigueur académique inattaquable, de transmettre à ses élèves le goût de l'entraide. L'entraide, première des lois de la jungle, condition *sine qua non* de notre survie depuis le Paléolithique et de notre salut à venir. Sur Terre, la clémence d'un milieu favorise la compétition, son hostilité la coopération. Et si nous actualisions nos lois naturelles ?

Les cuirasses brillent et des villages brûlent. Sur la croix pend un hérétique. Catholique ou protestant, peu importe, il ne prie pas le bon dieu. Outre-Manche, on se rebelle contre les Stuarts, ces papistes venus d'Écosse aux visées absolutistes. L'Angleterre du XVIIe siècle sombre

1. Pierre Kropotkine, *L'Entraide, un facteur de l'évolution*, Hachette, 1906.

dans la guerre civile et le continent dans celles de Religion. Des philosophes désespèrent. Avec méthode, Hobbes et Locke théorisent l'« état de nature », la guerre de tous contre tous. Il faut en sortir, arrêter ce massacre, assagir les mœurs, dompter notre animalité. Il faut instaurer une société libre et rationalisée à l'aide du marché et de sa supposée neutralité. Le libéralisme économique est né. Un siècle et demi plus tard, la révolution industrielle exporte ses dogmes de concurrence et d'individualisme à l'Europe et à ses colonies, à la vitesse du charbon. « L'homme est un loup pour l'homme », écrivait Hobbes en son temps[1]. Il a fini par dévorer la Terre.

Les crapauds ont chanté toute la nuit mais au réveil, c'est un garde champêtre qui nous joue de sa trompette : interdiction de camper, apparemment. Doudou marmonne un peu de flamand, ça le détend. Il nous a à la bonne à présent. On repassera pour la punition.

---

1. « *Homo homini lupus est* » est une citation latine reprise notamment par Thomas Hobbes dans son livre *Du citoyen* paru en 1642.

Les Pays-Bas, dernière étape continentale de mon voyage. Escapade ensoleillée dans ce pays sous-marin bâti sur la mer. Au milieu des canaux, c'est la saison de l'asperge et de la rhubarbe dans les fermes à toits de chaume. Décor de Nouvelle-Angleterre. La route surmonte des digues où maisons en briques et jardins dominent des champs, à perte de vent.

4 juin

Peut-être est-ce grâce à mes lobes d'oreilles qu'Alberto m'a absorbé ? Du moins, ç'aurait été la théorie de Bart, un Néerlandais fantasque rencontré la veille dans un bar de campagne et qui nous a ouvert la porte de son jardin pour la nuit. Dans sa jeunesse, il a bien poussé sur la drogue tant et si mal qu'il lui manque ses dents de devant, ce qui ne l'a pas empêché, chaque fois qu'il a parlé du gouvernement, de lâcher de ces grimaces qu'affectionnent tant les enfants. Son passe-temps principal réside dans la collecte de toutes sortes d'objets trouvés dans la rue pour les entreposer chez lui, en faire commerce ou les conserver, d'où son idée d'acheter l'ancienne banque du village avec sa chambre forte. « Je ne le fais pas pour l'environnement », nous a-t-il répété avec un relativisme quelque peu mystérieux. Mais pour jauger les gens, le critère déterminant, c'est les lobes d'oreilles. Qu'ils pendent ne serait-ce qu'un peu et il vous accorde sa confiance : d'après lui, c'est signe de spontanéité. Les autres seront damnés.

À peine garé, Alberto flashe sur mon barda, lui qui pédalera jusqu'à sa Toscane natale à l'été, et la discussion s'engage naturellement sur les sentiers du voyage. Avec Mara, sa compagne, ils s'assoient à ma table en terrasse, le temps d'un au revoir avec Mathilde qui file à la gare, direction Bruxelles. Ils se sont connus à l'école de danse avant d'en faire leur métier. Puis de pointes en pas de bourrée, la jeune Batave a fini par s'éprendre de ce Latin rêveur auprès duquel elle a appris que l'amour et la passion fondent une plus noble quête que la recherche obstinée de la performance.

Peut-être est-ce grâce à mes lobes d'oreilles qu'Alberto m'a invité dans sa colocation, une grande maison avec des escaliers très raides et dont l'aspect général exhale la vie commune : les assiettes s'empilent dans l'évier, du fromage grillé recouvre la plaque de cuisson, et seul un rideau sépare la douche des toilettes. Ce bordel le désole – « *It's my roommates... I've given up* » – mais le loyer est à propos et ça lui convient, le temps de trouver mieux avec Mara. J'ai vingt-quatre heures pour découvrir Rotterdam et tous deux se font une joie de me partager leur ville, ses canaux, ses moulins et sa vie artistique. Le soir, ils m'emmènent au De Doelen, antre de l'orchestre philharmonique et terrain de jeu occasionnel de la culture underground. C'est la dernière de *Melomaniac*, un spectacle à succès. Mara s'excuse des monologues en néerlandais, mais dans la cité d'Érasme la musique fait office d'espéranto. Et sur les ailes de la nuit, nous dansons le monde en le refaisant, jusqu'à l'aube ou presque.

Quelques heures de sommeil puis Mara revient avec des croissants tout frais. Elle est un souffle, rieur et habité, et sous ses cheveux de cuivre, les grains de beauté prennent enfin tout leur sens. Quant à Alberto, avec son sourire fraternel, son cuissard et sa casquette vintage de champion du monde vissée sur ses boucles enfantines, il arbore une dégaine digne d'un cycliste italien tout droit sorti des années 80. Nous voilà parés pour Delft et son charme hollandais. Dernière balade avant le grand départ, le temps d'avoir une discussion des plus sérieuses sur un sujet fondamental pour nos trois nations : le fromage. À ce jeu-là, l'Europe s'en tire bien.

Au retour, Alberto doit filer à une répétition. *Ciao amico mio e vai con il vento.* Mara insiste pour m'accompagner sur un bout du chemin, jusqu'à un glacier dont on lui a dit le plus grand bien. J'ai du mal à partir car quitter Mara, c'est quitter l'Europe. Elle le sent bien, alors elle me serre dans ses bras. Une fois, puis deux. Encore. Longtemps. D'un amour où câlins et sourires suffisent.

Je revois cette lumière venue du désert d'Arabie, charriée par le *shamal*[1] pendant les longues soirées d'été aux petits croissants de lune, quand

1. Vent du nord-ouest soufflant sur le golfe Persique.

les conversations prenaient subitement un tour plus métaphysique. Mon amie Leah m'y parlait de son Dieu, elle la chrétienne universaliste, et de sa foi qui seule nous faisait nommer différemment ce lien à l'Autre, cette empathie qui pousse deux inconnus à vous sourire, s'asseoir à votre table et vous ouvrir leur cœur.

Ainsi, dans la lumière du soleil couchant ce bas pays, où la tolérance à l'égard des croyances a été érigée en principe fondamental dès le XVIe siècle, l'athée que je suis n'en finis plus de songer : cette rencontre avec Mara et Alberto est-elle l'œuvre d'un dieu, du jeu de l'amour et du hasard, ou plus prosaïquement, de mes lobes d'oreilles ?

Sur des dizaines de kilomètres, le long de la piste cyclable qui mène au port, se succèdent dépôts de conteneurs et de carburants, raffineries et autoroutes, dans un vent empesté de pétrole. Soudain, une odeur sucrée de brioche industrielle, fugace. Un peu de douceur dans ce monde de brut. Au bout du chemin, le *Pride of Rotterdam* mouille au milieu des grues et des éoliennes, en attendant ses derniers passagers.

6 juin

Port de Hull, sur la côte est. Un temps anglais en guise de bienvenue. Albion, en ce début de matinée, tient son rang. Moral à l'image du ciel, maussade. Je n'ai aucune envie de pédaler. Mara et Alberto me manquent, Marie aussi, et l'espace d'une heure, à bord d'un train pour l'ouest, je contemple l'idée de rentrer. Blues continental.

Le centre de Leeds, avec ses multiples chantiers, n'incite guère à faire du tourisme, une fois mon *bacon & eggs sandwich* avalé aux côtés de cols bleus casqués, tout à leur *english breakfast* expédié entre deux coups de masse. Je prends mon second train de la journée, non sans m'amuser du prix des billets qui varie en fonction du guichetier auquel je m'adresse. C'est peut-être ça, la libéralisation du rail à la Thatcher : l'offre et la demande soldées par une vaste vente aux enchères.

Skipton, avec son petit canal émaillé de bateaux rouges d'allure hollandaise, est encore drapée des *Union Jack* hissés pour le couronnement de Charles III le mois dernier. « Ça fera joli pour l'été », m'explique, ravie, la propriétaire d'un salon de thé. Le soleil anglais, économe et patient c'est bien connu, pointe enfin, et la route, étroite et enclosée, mène rapidement au parc national des Yorkshire Dales. Entre ces longs murs de pierre qui fragmentent la campagne anglaise depuis cinq cents ans : des prés jaunets, beaucoup de moutons et parfois quelques chevaux, aussi paisibles que cette trouée féerique dont je souhaite qu'elle continue à l'infini.

« *Quite a day to admire the view, ay ?* » Richard, qui traîne sa septantaine sur son vélo de course, se repose adossé au muret, l'air pensif. En face, la montagne plonge dans la rivière. Lors d'une virée dans le coin, il y a deux ou trois ans de cela, il a ramassé des noisettes avant de les semer en trois endroits distincts – au fond de son jardin, sur la tombe de sa femme et ici, au milieu des orties. À l'heure de la retraite, ce camionneur a troqué les routes européennes pour la campagne alentour, si douce en son soleil de saison, et plusieurs fois la semaine, il vient arroser son petit noisetier sauvage avec ce dévouement si britannique d'accorder les plus hauts honneurs aux plantes et aux gazons.

Vers la fin de sa carrière, son patron n'embauchait plus que des Polonais, moins chers. C'est pour ça qu'il a voté *Leave* en 2016. Pour quitter l'Europe de la dérégulation et du libre marché en partie façonnée par le néolibéralisme de Madame Thatcher, la fossoyeuse du *Welfare State*. Ras-le-bol, aussi, de ce Conseil européen[1] qui impose ses vues sans consulter le peuple. Sur ces deux points, nous sommes parfaitement raccord.

Comme beaucoup d'ouvriers sur ces terres délaissées de Londres et de sa City, il a ensuite donné son vote aux héritiers de la Dame de fer. Ainsi, aux législatives de l'automne 2019, Boris Johnson moissonnait la rancœur de l'Angleterre populaire et abattait le *Red Wall* du Nord si longtemps dévolu aux travaillistes. Et pourtant…

— J'aime l'âme rebelle des Français qui savent défendre leurs droits sociaux avec panache, me dit-il avec cette pointe de fierté qui anime encore l'ancien responsable syndical qu'il était.

Quand on a trimé toute sa vie comme lui, comment ne pas apprécier l'audace d'un pays

1. Assemblée des chefs d'État et de gouvernement des pays membres de l'Union européenne. Dans l'architecture institutionnelle de l'UE, elle a le rôle de chambre haute législative et définit les priorités et orientations de l'Union.

qui a, par un beau jour de mai 1936, rêvé l'utopie au point d'inventer la grève heureuse ? Je repense à Herbitzheim et tous ces patelins sarrois échoués dans l'escarcelle de l'extrême droite. Du Yorkshire à la Lorraine, le fil noir des abandons.

Un dernier col pour finir. Je suis au bout du rouleau. Au sommet, les montagnes brûlées habillent l'horizon et les chardons, eux, annoncent l'Écosse.

7 juin

« C'est en découvrant d'autres continents que je me suis sentie réellement européen·ne. » Je ne compte plus les fois où j'ai entendu cette phrase au cours de mon périple. Si l'exotisme d'une destination tend à faire apprécier sous un jour nouveau la réalité du quotidien, pour un Français, le caractère d'un pays se jauge aussi à la qualité de ses fromages. L'Angleterre, contrairement à une idée reçue, en produit d'excellents et je me retrouve à dévaliser de bon matin la crèmerie du village de Hawes. Régal de cheddar à la fleur de sel, de Wensleydale crémeux et de toutes sortes de bleus bien sentis.

Mes sacoches remplies, je m'élance sereinement sur de petites routes sinueuses, presque médiévales, bordées de vieux manoirs, de clochers en donjon et de chênes centenaires.

En haut de cols rugueux dont la région abonde, les brebis sèment leurs crottes avec nonchalance, au gré de leurs envies, et rendent ainsi la monnaie de sa pièce à leur terre nourricière. Les bruyères tapissent les montagnes d'un violet écossais, en attendant de leur donner, avec les pluies de l'automne, une robe d'aubergine. Aubépines, lumière et boutons d'or. Paysage immuable, spectacle vivant. Pourquoi ne pas rester là, perché dans le ravissement des Dales ?

8 juin

Elle a attendu un long moment, l'œil porté sur cette mer qui se refuse au rivage, si proche dans le lointain, que je sorte de ma tente. Simplement pour m'indiquer un petit café qui vend de délicieux scones bien moelleux, sur la route de Windermere. La veille, dans cette crique où j'ai échoué pour la nuit, Moira m'a conté son tour des États-Unis à vélo, quand elle avait vingt ans, et puis cette expédition jusqu'à Moscou fortuitement arrêtée dans le sud de la France au bras d'une idylle d'été. Détour de l'amour ou amour du détour ?

Le continent, désormais, semble plus loin. « *Brexit has made our world smaller* », lâche-t-elle, dépitée, en songeant à ses filles et à la petite moitié de Britanniques qui désiraient rester dans l'Union. Au lendemain du référendum, cette psychologue n'en finissait plus de s'excuser auprès de ses patients polonais, ceux-là mêmes qui avaient remplacé Richard et ses compagnons de route.

Le Brexit est un conflit de classes. Générationnelles et sociales. Pour les nostalgiques, il est ce rêve noir du vieil empire disparu dans la lame des décolonisations. Aux autres, il a vendu l'illusion d'en finir avec la lente destruction de l'État social amorcée par les conservateurs il y a quarante ans de cela. Cruelle ironie que de voir la *working class* voter de concert avec ceux qui désirent l'écraser, à force de libéralisme débridé.

Le Brexit, c'est aussi la faillite d'un mariage de raison, économique et commercial, entamé en 1972. Mais la démocratie a parlé et l'Angleterre a filé. Le peuple a repris le contrôle, soi-disant. C'était bien cela le slogan, non ? Dorénavant reclus en son royaume désuni, où l'amertume a succédé à la colère, il n'en finit plus de se diviser dans une société durablement polarisée. Moira, elle, ne compte plus les amitiés brisées. Ce divorce, c'est leur affaire Dreyfus.

La nostalgie de l'empire a enfanté celle de l'Europe. N'est-ce pas le drame de *l'essentiel* ? Sembler toujours si anodin, si évident, jusqu'à ce qu'il disparaisse ? Certes, la jeunesse britannique aurait souhaité une autre issue. Encore aurait-il fallu qu'elle se rende aux urnes... L'abstention est un poison et le Brexit, fruit de la désinformation et caprice du passé, un lourd avertissement.

9 juin

Voilà trois jours que je ne me suis pas lavé, que la sueur s'accumule par vagues successives sur ma peau à force de cols et de chaleur jusqu'à former une couche moite et légèrement poisseuse. Cependant, à force de solitude heureuse, j'en oublie jusqu'à mon apparence et, probablement, jusqu'à mon odeur. La fin du voyage approche. Aussi, je me plais à ressentir le monde avec une acuité sans cesse plus sauvage, plus tellurique.

J'arrive au pays des lacs par des routes qui sentent le crottin sucré, une prouesse rendue possible par la pléthore de fleurs dont l'Angleterre regorge en cette fin de printemps et que l'on retrouve jusque dans le nom des maisons : *Jasmin House, Rose Cottage*...

Windermere, sa légende viking, son lac d'un bleu marin, et ses montagnes. Partout, des montagnes touffues de chênes et de prairies emmurées. On dirait la Nouvelle-Zélande. Au pied du château de Wray, des pelouses en guise de plages, prémices d'une longue plongée dans le grand bleu d'Angleterre. Trois jours que j'attendais ce moment. Royal.

La couleur est annoncée d'emblée. Du gros rouge qui pique. Quarante kilos de barda à traîner sur les six kilomètres du *Struggle* et ses pentes à 20 %, sous un soleil ardent. Ça tire sur les mollets, les cuisses, les bras, les poumons ; je suis contraint de slalomer pour avancer, parfois de m'arrêter, pour me reposer et m'hydrater. Autant d'occasions d'admirer la vue. Au-delà des murets, la montagne s'envole vers des crêtes cisaillées de rocailles, entre deux méandres d'herbe jaunie et de fougères. Dans l'ombre d'un pré, les immenses cornes d'une Shetland, vache aux longs poils roux venue des confins de l'Écosse, pointent vers le nord, vers le sel de ses îles. Elle a l'air bien, là, au frais, allongée dans l'herbe. Au sommet, la route vers Ullswater est fermée pour cause de travaux. Ç'aurait été sympa de le signaler en aval. Deux options s'offrent à moi : faire un détour de cinquante kilomètres ou pousser mon engin sur environ deux *miles* à travers la caillasse. Let's push.

Au creux d'un col, le couloir doré du crépuscule.

Seule la vogue silencieuse de quatre canards trouble le reflet de l'aube sur la montagne. Plus tard, ce sera au tour d'une pagode aux voiles bleues comme le ciel. Belle récompense d'une nuit passée sous les étoiles d'un autre lac. Un vent léger se lève avec le soleil. Alors, je sombre nu dans l'eau claire, dans l'entier abandon de moi-même, heureux d'être là, heureux d'*être*, tout simplement. Un parmi le vivant.

En haut du dernier col, aubépines, lumière et boutons d'or. Cette traversée du pays des Dales et des Lakes vaut bien une danse. C'est Alberto qui avait raison. *'Cause in the end, we all dance.* Brexit or not.

Dix jours. Il me reste dix jours avant d'atteindre l'Atlantique, avant l'ultime rivage. Dix petits jours qui fileront entre les rayons de mes roues et ceux du soleil, de pubs en bivouacs, de lochs en châteaux, de ports en ferries. Au royaume des îles. Ni en avance ni en retard, j'ai le luxe du temps, à ma place, sur la route.

10 juin

10 juin 1998, Stade de France. Mon père nous a dégoté deux billets pour le match d'ouverture de la Coupe du monde de football, la première organisée dans l'Hexagone depuis soixante ans. Le Brésil, équipe devenue mythique depuis Pelé et Garrincha, affronte la petite Écosse. Vêtu du maillot jaune et vert de la *Seleçao* sous ma tignasse blonde, je sens l'excitation monter à mesure que le coup d'envoi approche, lorsque deux Écossais – en kilt, naturellement – prennent place à côté de nous. Ni mon père ni moi ne parlons anglais. Mais le football possède son propre alphabet et la fin du match sifflée, je me retrouve coiffé d'un calot en tartan rouge et noir, cadeau d'un de ces *gentlemen* à la défaite joyeuse[1].

Depuis ce jour, je nourris une réelle passion pour ce pays à l'histoire tourmentée, régulièrement entravée par son voisin du sud, et dont les liens avec la France se sont forgés au fil des âges, de l'Auld Alliance du temps des chevaliers à

1. L'Écosse a fini par s'incliner 2-1 face aux tenants du titre.

notre commune inimitié envers l'Anglais lors du Tournoi de rugby des Six Nations.

Les Écossais ne voulaient pas du Brexit. Quitter l'Union revenait à perdre cette citoyenneté européenne qui leur avait permis de mettre à distance une identité britannique trop souvent dictée par l'Angleterre. Comme une amputation, un déchirement que seuls des cris d'indépendance parviennent encore à apaiser. Au fond des tavernes de Glasgow ou des Hébrides, à coups de violon, de whisky et de houblon, les lointains héritiers des Highlanders, toujours prêts à se dresser contre l'ennemi d'hier, chantent encore avec fierté la beauté des fleurs d'Écosse et la grandeur des temps passés.

Ainsi, dans le fracas du XXIe siècle, de Kyiv à l'île d'Iona, un arc se dessine, un désir s'éveille, tel un écho dans l'horizon, fragile fil de la lutte pour l'idée européenne.

J'ai dû attendre le mur d'Hadrien pour la flairer, enfin, pour la première fois du printemps, cette bonne odeur de terre chaude, presque musquée, délivrée par les pluies de fin de journée. Divin pétrichor saisi au sortir d'un pub centenaire, à Lochmaben, comme ça, sans prévenir, avec ses grosses gouttes et sa moiteur enfantine.

Avec l'expérience, j'ai appris à anticiper les galères sur les cartes routières. Comme cette piste cyclable bordant l'autoroute M74 sur une centaine de kilomètres : elle possède tous les atours du plan foireux dont on ne peut s'extirper. Direction la petite gare de Lockerbie, donc. Je débarque à Glasgow en début de soirée et j'arpente dans une torpeur quasi estivale des rues abruptes qui se lèvent comme à San Francisco, le tram en moins, au milieu d'immeubles victoriens.

Hissé au rang de deuxième port de Grande-Bretagne suite aux actes d'Union de 1707, par lequel les élites locales ont troqué leur liberté politique contre les débouchés commerciaux de l'Empire, Glasgow brillait alors par ses Lumières. C'est derrière les murs rouges de son université qu'a notamment pris corps « la main invisible » d'Adam Smith. Rouge, cette ville industrielle l'est aussi en politique, et les *Tories* y sont exécrés au moins autant que la musique *live* est vénérée. Chaque soir, des notes de rock se baladent sur le pas des pubs, enlacent les curieux et les entraînent jusqu'à l'aube s'ils n'y prennent garde. Car l'Écossais, dans une geste commune aux lointaines peuplades du monde, aime les voyageurs auxquels suffit d'entonner gaiement un chant patriotique pour devenir rois en ce pays d'âmes libres.

Dans cette cité portuaire au faste envolé, le sucre blanc des colonies d'antan a depuis longtemps viré au brun. Le *skag* – argot local pour désigner l'héroïne – ravage ses ruelles dans lesquelles errent *les dingues et les paumés*[1] que treize années d'austérité ont fini d'éloigner des services de santé. Après quatre décennies de néolibéralisme en intraveineuse, le Royaume-Uni est un pays malade, au système social et aux services publics explosés sur l'autel de la « liberté individuelle ». Le Covid, puis le Brexit, l'ont épuisé. En ce printemps 2023, sous les effets cumulés de la guerre d'Ukraine, de l'inflation et des grèves à répétition, les Britanniques commencent à éprouver une douloureuse réalité : la sécession a le goût de la déchéance.

1. Titre d'une chanson d'Hubert-Félix Thiéfaine.

Pourtant, il fut un temps où les démocrates des nations assiégées s'y réfugiaient, guidés par leur inébranlable espoir dans une cause juste et fragile. C'était en juin 1940. Quand l'Europe plongeait dans les ténèbres, ce peuple tout entier se dressait, seul et fier, contre le chaos nazi, avec ce cri déchirant la nuit : *We shall never surrender !* Churchill, quelques années plus tard, sur les ruines de la victoire, définissait un nouveau cap pour le continent et se faisait l'un des plus ardents avocats de son unité.

En votant *Leave*, le royaume s'est sabordé et la jeunesse écossaise, par pragmatisme ou romantisme selon que l'on est pêcheuse sur l'île de Mull ou étudiant à Glasgow, rêve de libre circulation et d'indépendance. Pour se donner un horizon, une vision d'avenir dans ce présent si morose alors qu'Albion cherche sa raison d'être dans les souvenirs de son empire. Alex, garde-forestier dans le parc national du Loch Lomond, au nord de Glasgow, triture sa moustache, écœuré.

— J'attends encore de voir le moindre bienfait du Brexit. L'Europe est devenue synonyme de visas. Avant, je pouvais travailler sur le continent comme bon me semblait. Plus maintenant. Être Britannique est devenu une tare. Quand je regarde vers le sud, je vois un pays gouverné par des fous furieux qui ne songent qu'à servir leurs ambitions politiques. Le Brexit a considérablement renforcé mon identité écossaise. Lors de la campagne pour le référendum, j'étais affligé par les discours hostiles aux Européens et aux étrangers en général. Je voudrais simplement retrouver les droits qui étaient les miens. Et si ce chemin passe par l'indépendance, en dépit des obstacles et de son coût économique, *let's do it*.

13 juin

Au départ de Kyiv, j'avais pensé, un brin naïf, que plus le voyage avancerait, plus mon corps avalerait la route avec facilité. Une chimère. Le passage par les cols dantesques des Dales et des Lakes quelques jours plus tôt m'a mis un taquet tel que mes jambes peinent à l'oublier. Mes genoux en particulier. Mon dos faiblit lui aussi, pas vraiment aidé par ce matelas qui se dégonfle chaque nuit. Je sens qu'il est temps d'arriver, de conclure cette transcontinentale de quatre mille kilomètres en beauté.

Le train n'a pas quitté Glasgow depuis vingt minutes que, déjà, il est contraint de s'arrêter. Lochwinnoch, terminus avancé. La chaleur a grillé une caténaire. Au-delà de trente degrés, le système ferroviaire écossais déraille : le changement climatique est aussi affaire de mécanique. Ma tentative d'enjamber la banlieue aura fait long feu. La cheffe de bord me propose bien un taxi vers Ardrossan, sur la côte, pour attraper le dernier ferry de la journée, mais l'Eurovélo 1 – celle de l'Atlantique – déroule son macadam jusqu'à la mer sur les vestiges d'une ancienne voie ferrée. On ne boude pas une offrande pareille lorsqu'elle provient des caprices du ciel.

L'Europe manque d'eau et la pluvieuse Écosse ne fait plus exception. Les pelouses virent au jaune et la carte des alertes incendie se tache de rouge. Un mois sans pluie ou presque. De mémoire d'anciens, on n'a jamais vu ça, surtout si tôt dans l'année. L'air est si chaud qu'il vibre sur le sol et fait fondre chocolat et cheddar au fond de mes sacoches.

De gigantesques méduses dérivent à travers une mer de saphir. De temps à autre, un dauphin course le ferry, pour jouer ou faire le beau, qu'importe, il amuse la galerie tandis que la dent du Goat Fell, au pic de l'île, se rapproche au son des mouettes et des ballades celtiques.

Oh the summertime is coming,
And the trees are sweetly blooming,
And the wild mountain thyme,
Grows around the blooming heather,
Will ye go, Lassie go ?

Arran, ce petit condensé d'Écosse qui fait le bonheur des géologues depuis près de trois cents ans, enveloppé par la métropole, abrité des tempêtes, tourbé et minéral, est à l'image de son whisky dont les notes épicent le ciel. Je boucle l'île par le sud d'abord, par ses villages aux maisons blanches et aux chaloupes fleuries.

À l'horizon, l'îlot d'Ailsa Craig, pyramide de roche à l'embouchure de l'estuaire, garde sa grande sœur comme le mont Saint-Michel veille sur sa baie, en majesté. Le soir, je campe sur une plage naturiste où seules quelques vaches et quelques brebis vagabondent en toute liberté. Mer d'huile et nuages roses. Des lumières au loin viennent rappeler que cette terre est aussi habitée par des hommes.

Eaux cristallines, montagnes rugueuses et odeur d'algues. Les plages de l'ouest, blanches de sable et noires de roches, courent entre les fougères jusqu'au château de Lochranza, l'une des plus belles ruines d'Écosse. La légende veut qu'Hergé s'en soit servi de modèle pour peindre son *Île noire*. Un indéniable sentiment d'aventure et de mystère s'en dégage, surtout le soir à marée haute, lorsque le soleil rougit sa tour posée sur l'eau, muette gardienne des secrets d'Arran.

À un bras de mer de là, autre château, autre ruine, autre senteur. Fumée de saumon. La veille, au pub de Lochranza, j'ai rencontré Fran, la soixantaine énergique et patronne de la Skipness

Smokehouse, peu de temps avant qu'elle n'embarque sur le dernier ferry – en Écosse, les histoires accordent souvent le beau rôle aux bateaux, passeurs millénaires de légendes, d'âmes et de marchandises.

— Je n'ai jamais vu ce pays en si mauvais état. Je gère une petite entreprise de cinq personnes à peine qui travaillent un saumon d'une grande finesse. Avant, je pouvais l'expédier vers l'Espagne, la Grèce ou la France sans aucun problème. Désormais, chaque envoi, même d'une seule boîte, me coûte 800 livres en frais de douane. Je ne prends même plus la peine d'exporter et j'ai dû me séparer d'un employé.

Elle ne porte pas les indépendantistes du Scottish National Party dans son cœur, mais si briser le lien avec Londres permet de remettre le cap sur l'Europe, *why not ?*

Cinquante bornes plus au nord. Petit canal aux azalées flottant sur l'eau tels de grands nénuphars violets. Jenny et ses taches de rousseur arrivent à ma hauteur. Je crois qu'elle a envie d'une distraction, il y a peu de jeunes comme nous dans ces campagnes reculées. Elle a quitté la Cornouaille depuis deux semaines et il lui en reste encore une à tirer jusqu'à la pointe nord-est de l'Écosse. Mille *miles* à travers la Grande-Bretagne, mais si c'était à refaire, elle commencerait au nord de Leeds, directement dans les Dales. Arrivés devant un pub, nos chemins bifurquent, alors je lui offre une bière. C'est rare de rencontrer une personne à ce point dépolitisée. Le Brexit, le nouveau roi, le réchauffement climatique, la guerre d'Ukraine, son boulot, ce qu'elle mange : rien de tout ça ne l'intéresse. Au moins a-t-elle l'élégance de la franchise. Si la citoyenneté est un sacrifice, elle a fait le choix de la désertion.

Elle a l'air parfaite, cette petite route le long du Loch Awe. Et puis avec un nom pareil[1], je ne prends aucun risque, surtout avec mon expérience des cartes routières. Ça vaut bien la peine de tirer encore quelques lieues à travers des fermes perdues dans les collines. Seulement voilà… Quand vient enfin le lac, les marécages se succèdent avant de déboucher sur de larges bandes de forêts rasées. Pas vraiment

1. *Awe* signifie « émerveillement » en anglais.

l'émerveillement escompté. Et cette satanée route qui grimpe, grimpe, grimpe à n'en plus finir, dans la moiteur du soir. Et les *midges*, ces moucherons voraces en quête de sang, qui m'assaillent au moindre arrêt. La première plaie d'Écosse, assurément. Mon répulsif, acheté en Angleterre, s'avère d'une inutilité totale. Encore neuf livres judicieusement dépensées… Reste une solution, une seule, qui tient plus de l'échappatoire : trouver un endroit décent pour m'échouer au bord du lac lorsque la route aura décidé de redescendre, enfin, rincer toute la sueur accumulée, foncer sous la tente, et passer une heure à tuer la quarantaine de *midges* qui s'y seront engouffrés.

18 juin

Du ferry qui fend la baie, on entend encore le violon, par bouffées, dès qu'un client pousse la porte de l'*Oban Inn* et laisse ainsi échapper la clameur intérieure. Elle se mêle au panache de fumée qui s'envole de la distillerie, par la grande cheminée rouge et noir, avant de venir embrumer le port. À l'horizon, les montagnes habitent le ciel et les phares blancs annoncent de leurs éclats rassurants les îles, les brisants. L'océan.

Sur le pont supérieur, dans le silence du vent, chaque passager lui paie un tribut secret, une forme d'hommage, celui dû à la pierre, grise et imposante, protectrice, éternelle presque, du château de Duart, siège du clan Maclean et gardien de l'île de Mull depuis sept cents ans. Après un arrêt dans une épicerie pour mettre la main sur un répulsif ultra-puissant, je remonte par la côte est, jusqu'à Tobermory, petit bourg arc-en-ciel lové au bord de l'eau. Il est l'heure de la pluie, et donc, l'heure du pub.

Derrière la façade jaune du *Mishnish*, enfilade de salles couvertes du sol au plafond d'un tartan vert et bleu. S'il y a bien une chose qui unit encore les Britanniques, c'est ce goût immodéré de la moquette aux murs. Au bar, malgré les explications répétées d'un serveur, un groupe de touristes américains peine à comprendre la différence entre une *ale* et une *lager* et finit par demander : « *Can we just have some beer please ?* » Le tavernier choisit un fût au hasard, le regard las, pendant qu'une grand-mère au visage rond, accoudée à sa pinte d'ambrée, me professe ses conseils d'un accent charnu : « Quand la pluie aura cessé, tu devrais aller faire un tour du côté de Calgary Bay. Fais-moi confiance. »

L'étroite route à une voie tutoie des murs de pierres sèches qu'une mousse grasse et humide a mangés depuis longtemps, au milieu d'une constellation de petits lochs tourbés. Devant une auberge blanche de chaux quatre fois centenaire, un vieil homme fume la pipe et me salue. Sourires et hochements de tête. Je lévite de cols en cols, seul au monde ou presque, au septentrion de mon voyage. Jusqu'à Calgary Bay. La vieille dame disait vrai. Au terme d'une longue plage de sable blanc cerclée d'abruptes collines, le soleil ondule, pour quelques instants encore, sur une mer grisée d'émeraude avant de disparaître derrière des nuages noirs venus du nord. Le vent, lui, a chassé les *midges*.

Un mois de pluie s'abat sur Mull ce matin, une de ces pluies dont l'Écosse détient le secret, de celles qui muent les rigoles en torrents. Une *good rain*. Les brebis, impassibles, continuent de brouter. Au fond, tout cela n'est pour elles qu'une simple banalité. La route furète dans la brume, entre le fauve des algues et celui des bruyères, prématurément roussies. Quand la pluie cesse, la côte ouest de l'île, la plus exposée, se dévoile enfin. Çà et là, des ornithologues amateurs braquent leurs objectifs vers un couple d'aigles en apesanteur sur un royaume de pyramides, colosses de roches et de fougères se jetant dans la mer. À leurs pieds, des pêcheurs remontent des maquereaux par grappes de quatre avec le sourire satisfait de ceux qui dîneront bientôt.

Lentement, je glisse le long de côtes burinées au marteau du temps, sculptées par le travail patient du vent et de l'océan. Je savoure chaque instant, doucement, car le printemps, demain, tirera sa révérence. Il me reste un dernier col à franchir, là-haut, perdu dans les nuages qui s'accrochent de l'autre côté des montagnes, monumentales. Une procrastination s'impose. Autour de moi, quelques moutons évidemment, de l'herbe qui pousse jusqu'à la mer au milieu d'imposants rochers, et une petite maison qui me fournira l'eau dont je vais manquer. L'Écosse n'est jamais aussi belle qu'en fin d'après-midi, après une lourde pluie, lorsque le soleil perce les nuages et sature ses landes sauvages. Requiem technicolor en rayons d'or.

Un goéland traverse le ciel. C'est Jonathan[1], intrépide, libre et souverain. Je repense à l'été passé, celui qui m'avait plongé dans une profonde crise d'éco-anxiété, quand l'Europe s'embrasait sous le feu mêlé des canicules et des canons. Seul le mouvement a fini par me sauver. Si ce voyage m'a enseigné une chose, une seule, c'est la valeur du mouvement. Pour vivre et se rencontrer. Pour imaginer, se battre et s'engager. Pour espérer. Je songe alors à cette question qui m'accompagne depuis Strasbourg : au fait, elle y croit, cette jeunesse, au rêve européen ?

---

1. Richard Bach, *Jonathan Livingston le goéland*, Flammarion, 1973.

Elle y croit, oui. Sans vraiment le savoir. Par bribes, de manière un peu confuse, un peu hésitante. Comme ce rêve dont on se souvient au matin et dont on conserve quelques fragments hachés. Au fil de mes rencontres, j'ai observé son aspiration à la solidarité, à l'égalité et à la liberté, j'ai vu sa volonté de réparer le monde de ses excès et de préserver son habitabilité. Son attachement viscéral à la paix, aussi. La vieille Europe est une grande brûlée, au risque de la naïveté. Au-delà du Dniepr se joue l'avenir du droit international et ne pas le défendre, ne pas se défendre, serait se condamner à subir les assauts du siècle, car l'Amérique, un jour, nous laissera esseulés.

Le cœur de la jeunesse du continent bat plus fort à l'Est, à la lueur de Kyiv. Peut-être parce que, dans l'« Occident kidnappé » d'hier, la démocratie reste une nouveauté fragile, un espoir encore éveillé, un feu sacré à protéger des vents mauvais.

L'Europe s'efface dans un monde qui s'effrite, s'il ne s'effondre pas déjà. Grandes sont les colères à force de misères. Pourtant, sa relève a des envies de justice et de douceur, de bienveillance et d'ouverture. Comme un besoin de se déconfiner des peines du passé, de se savoir protégée. Car elle sait ce qu'elle va affronter. C'est la fin d'une illusion. Prométhée va nous brûler. Peut-être même qu'il va nous enterrer. C'est la fin d'un monde et nous sommes devenus des braises. Il est temps, désormais, de se régénérer, de s'unir pour ne pas sombrer. Un nouveau contrat social doit être forgé. Pour un Printemps européen, une grande démocratie continentale, indépendante, accueillante et résiliente. Telle est la mission de notre génération, l'horizon de notre civilisation.

La jeunesse grandit de ses voyages, de ses épopées intimes, de ses rêves esquissés sur la route. Mon rêve verrait le vélo succéder à la voiture, cet objet métonymique de la vitesse dans l'Europe rugissante de la révolution industrielle, métaphore d'une société qui fut toute vouée au progrès technique par la domination des forces du vivant, boussole d'une humanité devenue folle – le vélo comme symbole d'une aspiration à la lenteur, d'une économie durable, à énergie renouvelable, renouant avec les limites dans un mouvement maintenant circulaire, à l'écoute de soi et des murmures du monde.

20 juin

D'un geste devenu tellement routinier qu'il en paraît presque naturel, je dégonfle mon matelas – du moins ce qu'il en reste –, replie mon sac de couchage, mon sac à viande, rassemble mes affaires – livre, lampe frontale, trousse de toilette et tablette de chocolat – avant de les fourrer dans mes sacoches. Puis je démonte ma tente, ma maison, mon refuge itinérant, une toute dernière fois, elle qui aura résisté aux tempêtes de vent, de pluie et de neige, à travers tout le continent. Merci à elle. Je regarde mon vélo, solide en son silence, bécane inoxydable et fidèle compagnon d'aventure. Merci à lui.

En haut du dernier col, un peu dans les nuages, coule une cascade. Joli cadre pour une douche de fin de voyage. Dans la descente, juste avant un virage, deux drapeaux flottent sur un mât au beau milieu d'un jardin. L'un écossais, l'autre ukrainien. *Long live Scotland & Slava Ukraïni*. Je rejoins la route du sud, celle qui se dérobe jusqu'à la pointe occidentale de Mull, jusqu'au ferry pour Iona, petit caillou d'Atlantique où les rois celtes en leur temps recevaient de divins sacrements. À la sortie de Bunessan, une petite borne en pierre blanche indique *5 miles*. Ça y est, j'y suis.

Iona. La marche finale. Crépuscule et granit rose. Depuis le nord de l'île, je contemple Mull et ses falaises de pharaon, à droite, et à gauche, l'océan, d'un bleu absolu. Deux immensités complètes, portes battantes de l'avenir et de ses possibles. À terre comme sur les mers.

Et Jonathan, à quoi rêve-t-il, lui, dans les ultimes lueurs du printemps ? Sûrement de continuer à voler, là-haut, entre les nuages, et à étendre ses ailes par-delà les mondes.

L'été est là désormais et le jour n'en finit plus de flamber. Alors je me mets à danser.

BIBLIOGRAPHIE

Livres

Mary Shelley, *Frankenstein ou le Prométhée moderne*, 1818

Pierre Kropotkine, *L'Entraide, un facteur de l'évolution*, Hachette, 1906

Richard Bach, *Jonathan Livingston le goéland*, Flammarion, 1973

Milan Kundera, *Un Occident kidnappé, ou la Tragédie de l'Europe centrale*, Gallimard, 2021 [1983]

Nicolas Bouvier, *L'Usage du monde*, La Découverte, 1985

Stefan Zweig, *Le Monde d'hier*, Belfond, 1992

Jeremy Rifkin, *Le Rêve européen*, Fayard, 2005

Gaël Faye, *Petit Pays*, Grasset, 2016

Étienne François et Thomas Serrier (dir.), *Europa : notre histoire*, Les Arènes, 2017

Andreas Kappeler, *Russes et Ukrainiens, les frères inégaux*, CNRS éditions, 2022

Vincent Liegey & Isabelle Brokman, *Décroissance : fake or not*, Tana, 2021

Paul Magnette, *La Vie large : manifeste écosocialiste*, La Découverte, 2022

Andrea Olga Mantovani & Baptiste Morizot, *S'enforester*, D'une rive à l'autre, 2022

Mathilde Schoenaeur-Sebag, *Les cailloux meurent aussi*, auto-édition, 2022

Guillaume Klossa, *Fierté européenne : manifeste pour une civilisation d'avenir*, Télémaque, 2022

Poèmes

Friedrich von Schiller, *Ode à la joie*, 1785

Lessia Ukraïnka, *L'Espérance*, 1880

Chansons

Mireille et Jean Nohain, *Puisque vous partez en voyage*, 1935

Francis McPeake, *Wild Mountain Thyme*, 1957

Roy Williamson, *Flower of Scotland*, 1967

Hubert-Félix Thiéfaine, *Les Dingues et les Paumés*, 1982

Film

Cédric Klapisch, *L'Auberge espagnole*, 2002

REMERCIEMENTS

Aux éditions Grasset sans qui ce livre n'existerait pas ;

à Anna Jarota de m'avoir si bien aiguillé dans la construction de ce projet ;

à Pascal Verdeau d'avoir pris le temps de relire mon manuscrit ;

à Guillaume Klossa pour ses conseils et Isabelle Negrier pour son soutien logistique ;

à toutes celles et ceux qui ont croisé ma route et enrichi ma lecture du monde en m'accordant un peu de leur temps et de leur sagesse, une douche chaude ou un lit ;

aux professeurs qui ont allumé en moi les feux de la connaissance ;

à toutes celles et ceux qui, depuis le siècle des Lumières, donnent corps à l'idée européenne ;

à ma mère qui a su garder pour elle sa peur de me savoir en zone de guerre, merci de m'avoir donné le goût du voyage dès l'enfance ;

à mon père de m'avoir transmis sa passion de l'Histoire ;

à ma marraine, ma bonne étoile depuis si longtemps ;

à mes cousins et mes amis, en particulier à Maxime Bleskine, Timothée Meuret, Alban Regnier et Mathilde Schoenaeur-Sebag d'avoir pédalé à mes côtés, à Arthur Tournier pour la carte qui retrace mon parcours, à Arthur Barillas pour ses sacoches et la photo de couverture, à Agnès et Jean Baranger pour m'avoir permis d'écrire dans d'aussi belles conditions ;

à Marie.

Mise en pages
PCA 44400 Rezé

Cet ouvrage a été imprimé
par CPI Bussière
pour le compte des éditions Grasset
à Saint-Amand-Montrond (Cher)
en mars 2024

PAPIER À BASE DE
FIBRES CERTIFIÉES

Grasset s'engage pour
l'environnement en réduisant
l'empreinte carbone de ses livres.
Celle de cet exemplaire est de :
450 g éq. CO_2
Rendez-vous sur
www.grasset-durable.fr

N° d'édition : 23149 – N° d'impression : 2076938
Dépôt légal : avril 2024
Imprimé en France